Bettina Manuela Hambuch

Zu Fuß durch KOBLENZ

12 Spaziergänge

Droste Verlag

AUS DEM INHALT

Zu Fuß durch KOBLENZ

1. VOM ECK ZUM BLUMENHOF 08
Erste Highlights zum Entdecken der Stadt

2. ARENBERG UND MÜHLENTAL 22
Spirituelle Auszeit

3. ÜBER HÖHEN HINAB ZUR MOSEL 32
Unterwegs durch fünf Stadtteile

4. WEIN- UND WOHNORT LAY 50
Das Dorf in der Stadt

5. EHRENBREITSTEIN UND DIE FESTUNG 58
Zu Fuß, per Schiff und in der Luft

6. **LÜTZEL, METTERNICH UND GÜLS** 70
Von der Mosel über die Eule zum Wein

7. **ARZHEIM UND HORCHHEIMER HÖHE** 84
Hinauf zu Koniks und Taurusrindern

8. **PFAFFENDORF UND ASTERSTEIN** 98
Am und oberhalb des Rheins

9. **INNENSTADT BIS OBERWERTH** 112
Die Lieblingsplätze der Koblenzer

10. **ZUM SCHLOSS STOLZENFELS** 126
Märchenhafte Rheinromantik

11. **ENTDECKERTOUR IN RÜBENACH** 136
Wo die Möck zuhause ist

12. **SÜDLICHE VORSTADT UND KARTHAUSE** 152
Stadt, Wald, Geschichte

Moselblick

VORWORT

Geht es Ihnen auch so?

Sie nehmen meist denselben Weg zur Arbeit, zu Freunden, zum Sport. Und beim Spaziergang am Wochenende vertrauen Sie auf bekannte Pfade. Werden Sie gefragt, ob Sie Ihre Stadt kennen, antworten Sie ohne groß zu zögern mit einem Ja.

Mir ging es genauso – bis ich die Stadt an Rhein und Mosel durch meine journalistischen und fotografischen Projekte noch einmal neu entdeckt habe. Inspiriert wurde ich durch die Koblenzerinnen und Koblenzer, die mir ihren persönlichen Blick auf die Stadt gezeigt haben.

Und auch für dieses Buch habe ich die Menschen in unserer Stadt wieder befragt. Dabei habe ich erfahren, was es in ihren Stadtteilen auf den ersten und auch auf den zweiten Blick zu entdecken gibt und wo sie mit einem Gast unbedingt spazieren gehen würden. In den Gesprächen und bei meinen Recherchen hat mich so vieles begeistert, überrascht und neugierig gemacht, dass es mir nicht leichtgefallen ist, die Auswahl für diese zwölf spannenden Stadtspaziergänge zu treffen.

Und so werden Sie nicht nur die schönsten und bekanntesten Sehenswürdigkeiten, Ecken, Plätze und Gassen in Koblenz erlaufen. Vielmehr zeigen die Entdeckertouren – bei denen übrigens Stadtteilgrenzen keine Rolle spielen – ganz unterschiedliche Facetten unserer Stadt. Genießen Sie märchenhafte Rheinromantik, wandern Sie durch Feld, Wald und Flur hinauf in die Höhenstadtteile, nehmen Sie sich eine kleine Auszeit an besinnlichen Orten oder machen Sie einen Koblenzer Lieblingsplatzspaziergang. Gehen Sie am besten alle beschriebenen Wege. Lernen Sie diese bunte Stadt und den liebenswerten „Kowelenzer Charme" (neu) kennen. Sie werden viel mehr entdecken, als ich in diesem Buch beschreiben und zeigen kann. Versprochen!

Die unterschiedlich langen Stadtspaziergänge haben meist den gleichen Start- und Zielpunkt. Sie können Spaziergänge abkürzen, andere um eine weitere Tour verlängern. Auf einigen Strecken können Sie auch die Route wechseln. Infos dazu sind angegeben.

Und jetzt spazieren Sie los! Sie werden schnell verstehen, warum ich in dieser Stadt so gerne lebe.

Ihre Bettina Manuela Hambuch

Danksagung

Ein herzliches Dankeschön an die Menschen, die ihre Begeisterung für diese Stadt mit mir geteilt haben. Ein ganz besonderes Dankeschön an meinen Herzensmenschen Johannes, der viele Spaziergänge mitgelaufen ist, Ideen mit mir diskutiert und jeden dieser Text gelesen hat. Ich widme dieses Buch meiner wunderbaren Familie: Johannes, Juliane, Sebastian, André, Lara, Frieda, Nele.

1 VOM ECK ZUM BLUMENHOF

Start: Deutsches Eck, Konrad-Adenauer-Ufer, 56068 Koblenz (GPS: 50.36432, 7.60580)
Ziel: Blumenhof, Danziger Freiheit 3, 56068 Koblenz
Länge: ca. 3 Kilometer
Dauer: ca. 1,5 Stunden
ÖPNV: Haltestelle Deutsches Eck/Seilbahn, Bus 1/11; Rückkehr zum Ausgangspunkt: wenige Meter zu Fuß vom Blumenhof am Konrad-Adenauer-Ufer entlang zum Deutschen Eck
Parken: Parkplatz Peter-Altmeier-Ufer, 56068 Koblenz

Unterwegs entdeckt:

1 Deutsches Eck
2 Peter-Altmeier-Denkmal
3 Balduinbrücke
4 Münzplatz
5 Kunstgässchen
6 Florinsmarkt
7 Garten Herlet
8 Blumenhof

Essen + Trinken:

In der Koblenzer Altstadt gibt es viele Restaurants, Cafés, Bars und Kneipen – hier ist für jeden Geschmack etwas dabei.
Zwei besondere Tipps:
Kaffeehausatmosphäre in historischem Ambiente mit Außengastronomie unter Arkaden lockt am Münzplatz in die **Kaffeewirtschaft** (Paradies 1, 56068 Koblenz, Tel. 02 61/9 14 47 02, www.kaffeewirtschaft.de).
Rheinische Küche und Weine aus der Region bietet das **Weinhaus Hubertus,** das sich in einem historischen Fachwerkaus befindet (Florinsmarkt 6, 56068 Koblenz, Tel. 02 61/3 11 77, www.weinhaus-hubertus.de).

Erste Highlights zum Entdecken der Stadt

Wer Koblenz zum ersten Mal besucht, sollte unbedingt mit diesem Spaziergang beginnen. Denn er startet an der Mündung von Rhein und Mosel und führt entlang der Uferpromenade durch die wunderschöne historische Altstadt. Dabei entdeckt man anhand vieler bekannter Sehenswürdigkeiten eine der ältesten Städte Deutschlands. An belebten Plätzen mit Cafés und Restaurants erspürt man das Lebensgefühl der Menschen in dieser Stadt und kommt sich fast ein wenig wie im Süden vor.

Unser Stadtspaziergang beginnt dort, wo Vater Rhein und Mutter Mosel zueinander finden, am **Deutschen Eck 1**. Die künstlich aufgeschüttete Landzunge an der Mündung der Mosel in den Rhein erhielt den Namen durch die Ansiedlung des Deutschen Ordens im Jahr 1216. Hier steht das **Kaiser-Wilhelm-Denkmal.** Doch bevor wir dieses beeindruckende Monument erkunden, gehen wir zur Spitze der Landzunge, vorbei an den Fahnen der 16 Bundesländer. Um Platz für das Denkmal zu schaffen, wurde Ende des 19. Jahrhunderts ein kleiner Hafen mit einer Molenverbindung zum Festland zugeschüttet. Dadurch erhielt das Deutsche Eck seine heutige Form. Welch ein Glück, denn so können wir von der Landspitze aus ungehindert zusehen, wie sich das dunkel gefärbte Wasser der Mosel langsam mit dem helleren Rheinwasser vermischt. Grund für die unterschiedlichen Farben sind die wechselnden Schwebstoffanteile, besonders bei sich ändernden Wasserständen.

Schutzmann

Der Blick ist einzigartig. Rechts thront auf einem 180 Meter hohen Bergsporn die **Festung Ehrenbreitstein.** Links bewundern wir die **Silhouette der Altstadt.** Auf der gegenüberliegenden Seite befindet sich der mit vier Sternen ausge-

1 VOM ECK ZUM BLUMENHOF

Altstadt-Silhouette

zeichnete **KNAUS Campingpark Koblenz/Rhein-Mosel.** Folgen wir mit den Augen der Strömung des längsten Flusses Deutschlands, erkennen wir in der Ferne auf einem Hügel die Häuser der Ortsgemeinde Urbar und der Stadt Vallendar. Wir genießen noch ein wenig das frisch wehende Lüftchen, schauen den gemächlich dahinschippernden Frachtern nach, lauschen den unterschiedlichen Sprachen und Dialekten und schießen zu guter Letzt das obligatorische Postkartenfoto. Dann wird es Zeit für den Kaiser.

Kaiser-Wilhelm-Denkmal

Das **Kaiser-Wilhelm-Denkmal** hat eine wechselvolle Geschichte: errichtet, zerstört, wieder aufgebaut und doch erst viele Jahrzehnte später in der heutigen Form wiederhergestellt. Das Denkmal wurde im Gedenken an den 1888 verstorbenen Kaiser Wilhelm I. nach Plänen des Architekten Bruno Schmitz errichtet und am 31. August 1897 eingeweiht. Am Fuße des Denkmals fassen Steinpoller mit Löwenköpfen und Ringen das Mosel- und Rheinufer ein. Sie dienten seinerzeit zur Befestigung der Schiffe. Das Monument selbst ist imposante 37 Meter hoch, allein das Reiterstandbild ragt 14 Meter in die Höhe und erst das Gewicht der Bronzestatue:

63 Tonnen! Auf der Pfeilerhalle lesen wir den Vers des Dichters Max von Schenkendorff: „Nimmer wird das Reich zerstöret, wenn ihr einig seid und treu.“ Das Reiterstandbild, entworfen von Emil Hundriesen, zeigt Kaiser Wilhelm I. in Uniform eines Feldmarschalls hoch zu Ross, neben ihm ein weiblicher Genius mit Lorbeerkranz und Reichskrone. Seit 2002 ist das Denkmal Teil des UNESCO-Welterbes Oberes Mittelrheintal.

Der Steinsockel des Denkmals ist begehbar. Also hinauf! Jeder Schritt, den wir über die vielen Stufen zu einer Art Aussichtsplattform setzen, wird mit einem grandiosen Blick über das „Eck“, wie die Koblenzer es nennen, belohnt. Bereits im 5. Jahrhundert nach Christus gründeten die Römer an der Mündung der Mosel in den Rhein das Castellum apud Con-

Garten Alte Burg

fluentes („Kastell bei den Zusammenfließenden"), dem Koblenz seinen Namen verdankt.

Wieder unten werfen wir einen letzten Blick über diesen beeindruckenden Ort und beginnen unseren Stadtspaziergang in Richtung Altstadt. Wir gehen ein Stück am Moselufer entlang. Hinter dem Deutschen Eck erinnern **drei Betonelemente der Berliner Mauer** an das „Mahnmal der deutschen Einheit". Sie wurden bereits 1990 aufgestellt und sind gemäß der Inschrift den „Opfern der Teilung (17. Juni 1953 – 9. November 1989)" gewidmet. Schräg gegenüber befindet sich die Anlegestelle der kleinen grün-weißen **Personenfähre Liesel,** die das Neuendorfer Eck im Stadtteil

Lützel mit dem Peter-Altmeier-Ufer verbindet. Nicht nur die Moselpromenade trägt hier den Namen des zweiten rheinland-pfälzischen Ministerpräsidenten. In unmittelbarer Nähe sehen wir das **Peter-Altmeier-Denkmal 2.** Vier Blöcke aus rotem Mainsandstein symbolisieren die Gebiete, aus denen das Bundesland Rheinland-Pfalz hervorgegangen ist.

Auf unserem weiteren Weg kommen wir an einem Gedenkstein vorbei. Auf dem etwa 135 Zentimeter hohen Bachfindling erinnert eine **Bronzegusstafel in Form einer Papyrusrolle** an die Sinti und Roma, die in Koblenz lebten und im Nationalsozialismus deportiert und ermordet wurden.

Fast hätten wir auf unserem Uferspaziergang versäumt, in Höhe der Schiffsanlegestellen nach links oben zu blicken. Dort sitzen auf einer Mauer eine Frau mit Badekappe und Schwimmflossen sowie ein Mann mit Taucherbrille und Schnorchel, bereit zum Sprung in die Mosel. Wie lange sie dort oben wohl schon auf ihren Absprung warten?

Wir laufen weiter und sehen die **Alte Burg.** 1185 errichtete die Ministerialenfamilie von der Arken ein Wohnhaus am Ufer der Mosel aus den Resten eines römischen Rundturms. Knapp 100 Jahre später wurde daraus eine Zwingburg gegen die Unabhängigkeitsbestrebungen der Koblenzer Bürger. Und auch eine Blechwarenfabrik war dort untergebracht. Heute befindet sich in der Alten Burg das Stadtarchiv. Der dreigeschossige Bau mit den zwei Ringtürmen und dem prächtigen Walmdach prägt die Silhouette der Stadt wie kaum ein anderes Gebäude.

Und diese kann man besonders gut von der **Balduinbrücke 3** aus bewundern. Darum machen wir jetzt einen Abstecher zu dieser steinernen Bogenbrücke aus dem 14. Jahrhundert. Es ist die älteste Brücke der Stadt und die letzte Brücke über die Mosel vor der Mündung des Flusses in den Rhein. Von hier aus haben wir natürlich auch einen wunderschönen Blick auf das Deutsche Eck und die Festung Ehrenbreitstein.

Eine Führung durchs Stadtarchiv in der Alten Burg lohnt sich!

Mit schönen Bildern im Kopf gehen wir zurück bis zur Alten Burg und dann durch einen Torbogen über eine kleine

Treppe in den **Rosengarten.** Hier setzen wir uns auf eine der Steinbänke und hören dem Plätschern der Wasserspiele zu, um einen Moment innezuhalten.

Ein heimeliges Versteck vor dem Trubel der Altstadt.

Danach setzen wir unseren Spaziergang fort und gehen über die Burgstraße ins Paradies, so heißt die kleine Gasse, die uns zum **Münzplatz** 4 führt. Genau dort befindet sich die **Kaffeewirtschaft.** Zeit für saftigen Käsekuchen und schokoladigen Kakao. Oder darf es doch lieber ein herzhafter Flammkuchen zusammen mit einem spritzigen Riesling aus der Region sein? Fast egal, wofür man sich entscheidet, die Kaffeewirtschaft ist die rheinische Antwort auf die Wiener Kaffeehaus-Atmosphäre und mit den Sitzplätzen in dem sechsbogigen Arkadengang ganz sicher der richtige Ort zur Einkehr.

Münzplatz mit Haus Metternich

Nach der Pause bummeln wir noch eine Runde um den **Münzplatz.** Der Name erinnert an die ehemalige kurfürstliche Münze, ursprünglich aus mehreren Gebäuden bestehend, die Anfang des 19. Jahrhunderts abgerissen wurden. Erhalten geblieben ist nur das leider schon sehr lange eingerüstete **Münzmeisterhaus,** ein Barockbau, in dem der Münzmeister Meydinger zwischen 1761 und 1763 wohnte. Davor befindet sich der **Brunnen der Stadtentwicklung.** Ein recht seltsam anmutender Name für den 1992 von Willi Heinzen geschaffenen Brunnen. Dieser soll an die abgerissene Münze mit Blick auf die Koblenzer Geschichte erinnern. Auf einer der beiden Bodentafeln ist die Lage des Kastells, die Münze und der Verlauf der Stadt- und Festungsmauern abgebildet.

In unmittelbarer Nähe des Brunnens stehen zwei nicht zu übersehende **Bronzefiguren** – der Schutzmann Otto und neben ihm sitzend die Marktfrau Ringelstein mit ihren prall gefüllten Gemüsekörben. Noch bis in die 1960er-Jahre fand am Münzplatz ein Markt statt. Die Schutzmänner des Koblenzer Polizeireviers 1 halfen den Marktfrauen beim Tragen der Waren und wurden mit Gemüse dafür belohnt. Bis Ende der 1970er-Jahre war das sogenannte erste Polizeirevier im Münzhaus auf dem Münzplatz untergebracht.

Marktfrau

Am Münzplatz befindet sich ebenfalls das **Haus Metternich,** auch **Metternicher Hof** genannt. Hierbei handelt es sich um den schlichten dreistöckigen Bau mit der hellen Putzfassade und den vielen rotumrandeten Fenstern. Über der Eingangstür befinden sich Kartuschen mit einer fünfzackigen vergoldeten Grafenkrone. Suchen wir mal das Gebäude! In diesem wurde 1773 Clemens Wenzeslaus von Metternich geboren, der als Außenminister und Staatskanzler des österreichischen Kaiserreichs dafür sorgte, dass das Rheinland an Preußen fiel. Heute befindet sich hier eine Jugendbegegnungsstätte.

Nach einem letzten Blick über den Münzplatz biegen wir nach links in die Münzstraße ein. Doch Stopp, was erhaschen wir da aus den Augenwinkeln? Eine Max-und-Moritz-Episode von Wilhelm Busch, farbenfroh auf die Hausfassade des Imbiss-Grills **Zum Esskesselchen** gemalt. Es ist nicht zu übersehen, wie die beiden Lausbuben der Witwe Bolte die Hühner stehlen.

Am Beginn der **Münzstraße** befindet sich das Altstadt-Kontor **Pfeffersack & Söhne** mit seinen feinen Gewürzen, edlen Spirituosen und Schokoladen, süßen und pikanten Dips, Salzen und Premiumölen. Auf 80 Quadratmetern präsentiert sich ein sehr schick eingerichteter Laden. Beim Vorbeistreifen an den gut sortierten Waren in den Regalen merkt man gar nicht, wie die Zeit vergeht. Eine genussvolle Kleinigkeit muss natürlich mit, bevor wir unseren Spaziergang durch die Münzstraße fortsetzen – und sofort vom nächsten Highlight aufgehalten werden – dem **Kunstgässchen 5.** In dieser schmalen, entzückend restaurierten, doch etwas versteckten Gasse befinden sich sehr unterschiedliche kleine Geschäfte, in denen man statt Massenware Handwerkskunst zu gehobenen Preisen bekommt. Textilien, Schals und Tücher aus Baumwolle, Hanf, Kaschmir oder Seide, dazu Klangschalen, asiatische Gongs, esoterische Düfte und sogar das Stechen außergewöhnlicher Tattoos wird angeboten. Und selbst wenn man nichts kaufen möchte, der romantische Durchgang mit seinem einladenden Innenhof lockt. Gehen wir also mal hinein und verwöhnen unsere Nase mit wohlriechenden orientalischen Düften.

Max und Moritz

Olef Spielmann erfüllte das Kunstgässchen in den 1980er-Jahren wieder mit Leben.

Weiter geht es durch die Münzstraße. An deren Ende treffen wir auf eine Straße, die nach links Burgstraße – wir haben diese bereits gequert – und nach rechts Florinsmarkt heißt. Gegenüber befindet sich ein Parkplatz und dort der legendäre **Altstadt-Pub „Im Winkel".** Seit 1886 steht über der Tür geschrieben. Wohl jeder kennt die originelle Kneipe mit den Schiffsmodellen, Straßen- und Emaillewerbeschildern und der Glitzerdeko, in der Partymusik, Erdnüsschen, Karaoke und bestens gelaunte Gäste für ausgelassene Stimmung sorgen – egal zu welcher Uhrzeit.

Wir gehen rechts zum **Florinsmarkt 6.** Dieser war im Mittelalter mit seinem Korn- und Fruchtmarkt bereits wirtschaftlicher Mittelpunkt der Stadt. Seinen Namen verdankt der Platz der Florinskirche, die zusammen mit dem alten **Kauf- und Danzhaus,** dem **Schöffenhaus** und dem **Bürresheimer Hof** ein Gebäudeensemble bildet, das nicht nur zu den schönsten der Stadt gehört, sondern auch ein Wahrzeichen beherbergt. Und das ist wahrlich nicht so leicht zu entdecken. Man muss sich schon etwas umschauen, um den **Augenroller** wahrzunehmen. Dieser befindet sich unterhalb der 1724 eingebauten Turmuhr des alten **Kauf- und Danzhauses.** Es soll sich dabei um eine Maske des Raubritters Johann Lutter Kobern handeln. Schaut man genauer hin, erkennt man, wie sich die Augen im Takt des Pendelns einer Uhr hin- und herbewegen. Spätestens jetzt ist ein Blick auf die eigene Uhr angebracht. Naht die halbe oder gar volle Stunde, sollte man geduldig warten und den Augenroller keinesfalls aus den Augen verlieren. Denn sonst verpasst man, wie er frech und frei zu jeder vollen und halben Stunde seine Zunge ungeniert den Beobachtenden entgegenstreckt. Ein fröhliches Schauspiel!

Kunstgässchen

Links neben dem alten Kauf- und Danzhaus befindet sich der 1659 erbaute **Bürresheimer Hof.** Zunächst genutzt als Wohnhaus, kaufte 1848 die jüdische Gemeinde einen Teil des Gebäudes und nutzte

Garten Herlet

diesen bis zur Reichspogromnacht als Synagoge. Rechts erblicken wir das 1530 errichtete **Schöffenhaus.** Davor stand bis ins 18. Jahrhundert der städtische Pranger. All diese Gebäude können nur von außen besichtigt werden. Doch die um 1100 erbaute **Florinskirche** lädt mit ihren weit geöffneten Türen zu einem Besuch ein. Gehen wir hinein und schauen uns unbedingt die Fresko-Malereien „Fußwaschung Jesu" und „Hochzeit von Kana" in den beiden Wandnischen neben dem Altar an. Sie stammen von Janarius Zick, dem Hofmaler des letzten Erzbischofs und Kurfürsten von Trier. Und da wir uns noch ein wenig Zeit nehmen können, lohnt sich auch ein Blick auf die Kanonenkugel im Gewölbe über dem Taufbecken, die an die Zerstörung der Stadt Koblenz durch französische Truppen im Jahr 1688 erinnert, und auf die fränkischen Steinsärge aus der Zeit um 450 nach Christus, die im Kirchgarten gefunden wurden.

Apropos **Kirchgarten:** Direkt links neben der Kirche befindet sich der Eingang zu diesem Kleinod, eine grüne Oase, in der man Einsamkeit und Stille findet. Abgeschottet von der Außenwelt, setzen wir uns umringt von efeubewachsenen Mauern auf eine der im Grünen versteckten Bänke, bestaunen den imposanten Kirchenbau und lassen das bis hierhin Erlebte Revue passieren.

Wir verlassen diesen besonderen Rückzugsort und gehen zurück zur Straße. Dieser folgen wir bis zur Ecke Nagelsgasse. Hier biegen wir rechts ab und kurz danach wieder rechts in den Herletsweg. Wir sehen ein großes Gebäude aus Beton. Es handelt sich um einen **Hochbunker,** der im Zweiten Weltkrieg errichtet wurde und auf vier Stockwerken fast 1800 Personen Schutz bot.

Hier befindet sich auch der **Garten Herlet 7.** Mit diesem 850 Quadratmeter großen Areal, heute Begegnungsstätte für Jung und Alt, beschenkte Agnes Herlet 1980 die Stadt. In der einzigen niemals bebauten Fläche in der Altstadt gibt es urbane Biotope, einen Teich, Natursteinmauern mit Moosen, Gemüse- und Blumenbeete, Insektenhotels und Wildbienenkästen sowie gemütliche Sitzflächen. All das wird von den Ehrenamtlern des Vereins GenerationSchulgärten e.V. gepflegt.

Wir gehen denselben Weg zurück und biegen an der Nagelsgasse rechts in die Straße Am Hospitälchen ein. Schräg gegenüber ist die **Sankt-Jakobus-Kapelle,** die ursprüngliche Friedhofskapelle des Deutschen Ordens, die Teil des UNESCO-Welterbes Oberes Mittelrheintal ist.

Nach dem Überqueren der Kastorpfaffenstraße gehen wir zunächst zum Kastorhof mit dem **Kastorbrunnen,** einem Viereckblock aus Eifeler Basaltquadern, der an die Napoleonischen Kriege erinnert. Dieser steht auf dem Vorplatz der **Basilika St. Kastor,** auch kurz Kastor-Kirche genannt. Der Platz,

Blumenhof und St.-Kastor-Kirche

1 VOM ECK ZUM BLUMENHOF

Blumenhof-Ludwigmuseum

auf dem die dreischiffige Basilika mit Doppelturmfassade steht, war im Römischen Reich mit einem Kastell bebaut – ein Beleg für die frührömische Besiedlung von Koblenz. Die Weihe der Kirche fand im Jahr 839 statt. 1991 erhob Papst Johannes Paul II. die Kastor-Kirche zur Basilica minor.

Neben diesem imposanten Kirchenbau befindet sich der **Blumenhof** **8**. Dieser teilt sich in einen meditativen **Paradiesgarten** mit Pflanzen aus der Mariensymbolik rund um ein Wasserbecken, einen farbenprächtigen **Blühgarten** mit Wasserfontänen und den kunstvollen Skulpturenhof, an den das **Ludwig Museum** angrenzt. Davor steht **Césars Bronzeplastik „Der Daumen"**, dessen 12 Meter hohes Pendant am modernen Pariser Hochhausviertel La Défense steht.

In unmittelbarer Nähe zum Blumenhof gibt es einen beliebten Wasserspielplatz.

Jetzt haben wir die Qual der Wahl: Auf den Bänken im Blühgarten den Spaziergang beenden? Durch den Blumenhof an das Konrad-Adenauer-Ufer weitergehen und dort in eins der vielen Lokale einkehren? Oder zur Seilbahn direkt hinter dem Blumenhof schlendern, um den Spaziergang Nummer 5 anzuschließen? Keine einfache Entscheidung …

Kaiser-Wilhelm- DENKMAL

1888: Nach dem Tod Kaiser Wilhelm I. entsteht die Idee zur Errichtung eines Denkmals
1891: Entscheidung für den Standort am Zusammenfluss von Rhein und Mosel
1893: Baubeginn
31. August 1897: Einweihung des Denkmals
16. März 1945: Zerstörung des Denkmals durch eine amerikanische Granate
18. Mai 1953: Bundespräsident Theodor Heuss erklärt den verbliebenen Sockel zum Mahnmal der Deutschen Einheit
25. September 1993: Einweihung des Reiterstandbildes, rekonstruiert durch den Düsseldorfer Bildhauer Raimund Kittl

Den trotz der Zerstörung erhalten gebliebenen originalen Kaiser-Wilhelm-Kopf des Denkmals stellt das Mittelrhein-Museum aus.

2 ARENBERG UND MÜHLENTAL

Start: Katholische Pfarrkirche St. Nikolaus, Immendorfer Straße 8, 56077 Koblenz (GPS: 50.3681, 7.65263)
Ziel: Stadtteilfriedhof Ehrenbreitstein, Arenberger Straße 4, 56077 Koblenz
Länge: ca. 5 Kilometer
Dauer: ca. 2 Stunden
ÖPNV: Haltestelle Arenberg, Kirche, Bus 9, 19, 29; Rückkehr zum Ausgangspunkt: Haltestelle Mühlental, Bus 9, 19 bis Kirche
Parken: Öffentlicher Parkplatz in der Nähe der Kirche, Immendorfer Straße, 56077 Koblenz

Unterwegs entdeckt:

1 Pfarr- und Wallfahrtskirche St. Nikolaus
2 Pfarrer-Kraus-Anlagen
3 Kloster Arenberg
4 Versöhnungskirche Arenberg
5 Eselsbacher Hof
6 Weinhaus Wagner
7 Friedhof Ehrenbreitstein

Essen + Trinken:

Die Strecke ist gut geeignet, um ein Picknick mitzunehmen.
Am Ende des Spaziergangs im Mühlental kann man aber auch in das **Weinhaus Wagner** einkehren (Mühlental 23, 56077 Koblenz, Tel. 02 61/7 36 14, www.wein-wagner.de).

Spirituelle Auszeit

Ist dieser Weg ein Glaubensspaziergang, eine besinnliche Auszeit oder ein idyllischer Ausflug an den Rand der Stadt? Diese Frage lässt sich ganz sicher beantworten, nachdem man die etwa 5 Kilometer lange Strecke zurückgelegt hat. Für diesen Weg benötigt man allerdings mehr Zeit als gedacht. Denn es gibt viele Orte zu entdecken, auch im Verborgenen, und viele grüne Oasen, an denen man gerne länger verweilt – meist ungestört. Man muss nicht in die Ferne schweifen, wenn man Geschichte, Bewegung und einen erlesenen Tropfen verbinden möchte. Man muss seinen Spaziergang nur in Arenberg beginnen.

Unseren Ausflug starten wir an der **Pfarr- und Wallfahrtskirche St. Nikolaus 1**. Wir stehen vor einem beeindruckenden Kirchenbau mit Doppelturmfassade, der auf Initiative von Pfarrer Johann Baptist Kraus nach den Plänen des Koblenzer Stadtbaumeisters H. Nebel von 1862 bis 1872 errichtet wurde. Natürlich gehen wir auch hinein, denn das Innere beherbergt wahrlich etwas Besonderes. Die Materialien, aus denen diese Kirche gebaut und gestaltet wurde, sind für einen Kirchenbau eher ungewöhnlich: Mineralien, Muscheln, Gesteine aus aller Welt. Für den Bau erhielt der Pastor sogar die Unterstützung von Kaiserin Augusta.

Pfarrkirche St. Nikolaus

Auf den Spuren des Arenberger Pfarrers bewegen wir uns von der Kirche über den Friedhof zu den **Pfarrer-Kraus-Anlagen 2**. Diese sind heute durch die Landstraße L 127 geteilt. Um den 1,2 Kilometer langen Rundweg an der ersten Station, der **Judasgrotte,** zu beginnen, müssen wir durch die Unterführung unter der Landstraße hindurchgehen.

Antoniusweiher

Auf unserem Weg durch die verwunschen wirkenden Anlagen gehen wir an etwa 60 Kapellen, Grotten und Bildstöcken sowie Kreuzwegstationen vorbei. Diese erzählen uns vom Leben und Sterben Jesu sowie vom Leidensweg seiner Eltern Maria und Josef. Die europaweit einzigartige Landschaftsbibel wurde 1845 von Pfarrer Kraus erbaut – reine Handarbeit. Selbst wenn man dem Religiösen nicht zugetan ist, die Spiritualität und die besondere Stille dieses Ortes nehmen einen doch gefangen.

Am Ende des Mariengartens, der ebenfalls Teil dieser Anlagen ist, beginnt der Kreuzweg, der uns wieder in Richtung der St.-Nikolaus-Kirche führt und auf dem wir am **Kloster Arenberg 3** vorbeikommen. Das Mutterhaus der Arenberger Dominikanerinnen bietet für Menschen, die Stille und Ruhe suchen, vielfältige Angebote inklusive Unterkunft in einem Gästehaus an. Die Straße vor dem Kloster ist nach Josepha Willimann, später Schwester M. Cherubine Willimann benannt, der Gründerin der Ordensgemeinschaft.

Um den zweiten Teil der Anlagen zu erkunden und somit den Kreuzweg bis zum Ende zu gehen, müssen wir wieder unter der L 127 hindurch. Dann halten wir uns direkt links und gehen durch den **Paradiesgarten.** Wer zur Mittagszeit

Pfarrer-Kraus-
ANLAGEN

1834 übernahm Pfarrer Kraus die Pfarrei in Arenberg. 1845 begann er auf dem Johanneshügel des Hüttenberges zwischen Arenberg und Immendorf mit dem Bau der parkähnlichen religiösen Landschaft, die sich in mehrere Abschnitte gliedert: Ölberg, Mariengarten, Antoniusgarten, Herz-Jesu-Garten, Kreuzweg. Das Herz der Anlagen ist die 1852 eingesegnete Gnadenkapelle, auch Erlöserkapelle genannt. Die Fassade zieren zwei Paradiesbäume, die Engel- und Totenköpfe als Früchte tragen. Diese symbolisieren den Lebensbaum und den Baum der Erkenntnis. Vor der Kapelle sind Adam und Eva mit ihrem Sohn Kain dargestellt. Aber nicht nur sie, alle Bauwerke in den Anlagen sind architektonisch beeindruckend. Selbst die Grotte von Lourdes ist nachempfunden. Es gibt viele Verzierungen mit Lavagestein aus der Eifel, mit Mineralien, Bergkristallen und Muscheln aus der ganzen Welt. In den Anlagen stehen über 100 Jahre alte Bäume sowie ein 1855 gepflanzter Mammutbaum.

Mammutbaum

Durch den Bau der Pfarrer-Kraus-Anlagen – übrigens einst Wallfahrtsort für mehr als 9000 Besuchende an Wochenenden – ist Arenberg gewachsen. Es entstanden viele Herbergen und Gaststätten für Pilgernde und Häuser, in denen Alte, Kranke und Kinder gepflegt wurden. Führungen durch die Pfarrer-Kraus-Anlagen können über den sehr aktiven Förderkreis angefragt werden. Die ehrenamtlich organisierten Mitglieder kümmern sich um den Erhalt der denkmalgeschützten Anlagen.

bei Sonnenschein hier ist, sollte unbedingt hinauf zur Maria im Strahlenkranz schauen. Durch das sich im Glaszylinder brechende Sonnenlicht entsteht ein Anblick von einzigartiger Schönheit. Nach der Josefs-Kapelle gehen wir durch ein kunstvolles Basalttor aus den Anlagen hinaus und sind wieder an der St.-Nikolaus-Kirche.

Wir folgen nun dem Weg zum **Alten Friedhof,** der sich südlich hinter der Kirche befindet. Dabei kommen wir am **Ostergarten** vorbei. Gerade in den Sommermonaten ist das, auch durch den Teich und die liebevolle Bepflanzung, ein angenehmer Rückzugsort.

Friedhofskreuz

Auf dem Alten Friedhof steht die **Arme-Seelen-Kapelle,** an der wir uns vor allem die am Giebel angebrachten Urnen und die Muschelschalen als Weihwasserbecken ansehen sollten. Danach gehen wir an der **Grabstätte von Pfarrer Kraus** und dem großen **Friedhofskreuz aus weißem Marmor** vorbei, auf dem eine von ihm verfasste Inschrift zu lesen ist. Danach verlassen wir den Friedhof und halten uns links, um in die Pfarrer-Kraus-Straße zu gelangen. Zuvor sehen wir noch das Denkmal für den geschätzten Pastor.

Natürlich fällt uns direkt an der Kreuzung ein stattlicher roter Hahn an einem Eckgebäude auf. Es beherbergt das italienische Restaurant Roter Hahn. Wer (noch) keinen Hunger verspürt, geht rechts weiter die Pfarrer-Kraus-Straße entlang, vorbei an Wohnhäusern mit unterschiedlichen Bauzeiten und -stilen, einigen Geschäften und einer urigen Kneipe, dem Klönsack. In dieser Straße befinden sich ebenfalls das **Seraphische Liebeswerk** und die **Kinder- und Jugendhilfe Arenberg,** nach deren Gebäuden wir rechts in die Pater-Fröhlich-Straße und dann links über die Straße Im Flürchen zur **Versöhnungskirche Arenberg 4** gelangen.

Pfarrer-Kraus-Denkmal

Diese evangelische Kirche wurde 1961 eingeweiht, erhielt ihren heutigen Namen aber erst 1992. Damals noch am Ende einer Sackgasse errichtet, steht sie heute inmitten eines jungen Wohngebietes mit modernen Häusern und schmucken Gärten. Dieses verlassen wir nun wieder und kehren zur Pfarrer-Kraus-Straße zurück. Auf der gegenüberliegenden Straßenseite beginnt die Straße Auf dem Forst, der wir folgen. Nach wenigen Häusern und viel grüner Fläche führt uns ein schmaler Weg zum **Landwirtschaftsbetrieb Eselsbacher Hof 5** mit einem besonderen Angebot in Bezug auf Frische, faire Preise und Nachhaltigkeit. Man erhält an den aufgestellten Automaten Milch, Eier, Nudeln, Fruchtaufstriche … Diese Automaten stehen am Eingang des Nutzviehbetriebes, der über einen Zuweg gut zu erreichen ist.

Kunst an der Jugendhilfe

Wir aber gehen jetzt hinunter durch grüne Wiesen und lassen die Häuser im Stadtteil Arenberg mehr und mehr zurück. Mit jedem Schritt entlang der großen Wiesen wird es beschaulicher und stiller. Erst am Ende dieses Weges sehen wir wieder vereinzelt stehende Häuser, die teils verwunschen, gar verlassen wirken. Wir sind im **Mühlental** angekommen und können auf einer Bank eine kleine Pause machen. An der Stelle fließt der Eselsbach in den Mühlenbach. Dieser wird uns ab jetzt links der asphaltierten Straße begleiten. Bei unserem weiteren Spaziergang müssen wir nun etwas achtgeben, denn die Straße teilen wir uns hin und wieder mit Autos und Fahrrädern.

Unser Spaziergang führt uns weiter durch das idyllische Mühlental mit Wäldern, Wiesen, Weinbergen und Häusern mit kleinen Gärten sowie dem **Weingut Göhlen,** bei dem man unbedingt mal eine Weinprobe machen sollte. Nehmen wir uns auf diesem Weg noch etwas mehr Zeit, denn hier in dieser

2 ARENBERG UND MÜHLENTAL

Weg ins Mühlental

grünen Oase kann man viele heimische Tierarten beobachten. Mit etwas Glück lassen sich sogar Feuersalamander entdecken.

Kurz vor dem **Weinhaus Wagner 6** sehen wir die hohen Steilhänge mit Weinstöcken, dazwischen die **Ehrenbreitsteiner Sonnenuhr.** Im größten zusammenhängenden Weingut am Mittelrhein können wir an sonnigen Tagen in den romantischen Weingarten einkehren, an kühlen Tagen eher in die gemütliche Weinstube.

Gestärkt gehen wir den nur noch kurzen Weg bis zum **Stadtteilfriedhof Ehrenbreitstein 7,** der bis 1937 der Friedhof der selbstständigen Residenzstadt war. An diesem liebevoll angelegten grünen Ort der Stille können wir unter den hohen Bäumen noch einen Moment der Ruhe genießen und dabei das recht beeindruckende große Friedhofskreuz betrachten. Auf dem Friedhof erinnert eine Gedenkwand an die Toten des Ersten und des Zweiten Weltkrieges.

Nach dem Verlassen des Friedhofes kann, wer mag, den Bus nehmen und zum Ausgangspunkt zurückkehren. Wer jedoch noch in Entdeckerlaune ist, geht die Straße Vor dem Sauerwassertor hinunter zum Ehrenbreitsteiner Festungsaufzug und schließt einen Teil des Spaziergangs durch Ehrenbreitstein (Tour 5) an.

Ehrenbreitsteiner Sonnenuhr

3 ÜBER HÖHEN HINAB ZUR MOSEL

Start/Ziel: Herz-Jesu-Kirche, Löhrrondell, 56068 Koblenz
(GPS: 50.356874, 7.590808)
Länge: ca. 11,5 Kilometer
Dauer: ca. 4 Stunden
ÖPNV: Haltestelle Löhr-Center/Bf. Stadtmitte,
Bus u. a. 2/12, 4/14, 5/15, 6/16, 9/19
Parken: Parkgarage Löhr-Center, Löhrstraße 25–27, 56068 Koblenz

Unterwegs entdeckt:

1 Herz-Jesu-Kirche
2 Rheinisches Fastnachtsmuseum
3 Fort Großfürst Konstantin
4 Hauptfriedhof Koblenz
5 Kapelle Mariä Heimsuchung
6 Mosellum
7 Jüdischer Friedhof
8 Pfarrkirche St. Elisabeth

Essen + Trinken:

Auf unserer Tour gibt es viele Möglichkeiten, in Restaurants, Cafés und Bistros einzukehren.
Ein besonderer Tipp: Der zum Contel-Hotel gehörende **Biergarten am Froschteich** am Moselufer, in dem Gäste freiwillig verstummen, um dem Gesang der Frösche, Unken und Kröten zu lauschen – und das bei Cheeseburger, Flammkuchen, einem kühlen Bier oder Wein aus der Region (Pastor-Klein-Straße 19, 56073 Koblenz, Tel. 02 61/4 06 50, www.contel-koblenz.de).

Unterwegs durch fünf Stadtteile

Mitte, Karthause, Goldgrube, Moselweiß, Rauental. Ein Stadtspaziergang durch fünf Stadtteile, den man wahrscheinlich so zunächst nicht wählen würde. Dabei grenzen diese Viertel direkt aneinander und sind durch Verkehrsachsen miteinander verbunden. In allen Stadtteilen gibt es Sehenswürdigkeiten, die eine Besichtigung lohnen. Einige davon kennt man, andere entdeckt man. Natürlich gibt es auch Unterschiede. So ist die Karthause der flächenmäßig und von der Einwohnerzahl größte Stadtteil. Rauental und Moselweiß liegen direkt rechtsseitig der Mosel. Und die Goldgrube war sogar bis zum Ende des 19. Jahrhunderts unbewohnt. Bei dieser Tour kann man zwar keinen der Stadtteile vollständig erkunden. Aber man bekommt einen Vorgeschmack auf mehr …

Wir beginnen unsere Tour in der Innenstadt an der **Herz-Jesu-Kirche 1**, mit dem großen und sehr bekannten **Einkaufszentrum Löhr-Center** im Rücken. Wir bestaunen den Bau der katholischen Kirche, die zu den bedeutendsten neuromanischen Sakralbauten in Deutschland zählt. Diese Kirche wurde von 1900 bis 1904 nach den Plänen des Architekten Ludwig Becker (später Mainzer Dombaumeister) errichtet. Im Zweiten Weltkrieg wurde die Kirche schwer beschädigt, Anfang der 1950er-Jahre dann leicht verändert wieder aufgebaut.

Wir betreten den weiträumigen Innenraum dieses mächtigen Kirchenbaus mit der Doppelturmfassade zur Innenstadt. Zunächst setzen wir uns auf eine der vielen Holzbänke mit Blick zur Apsis und zum großen Bronzekreuz über dem Altar. Auch wenn von den originalen Ausstattungsstücken nur noch wenige erhalten sind, lohnt sich anschließend ein Rundgang. Zu bestaunen gibt es unter anderem den Marienaltar mit einer Pietà, den neoromanischen Taufstein, die Sakramentstele, das steinerne Weihwasserbecken, den Herz-Jesu-Altar und die Figuren verschiedener Heiliger.

Wieder auf dem Platz vor der Kirche bemerken wir, wie still es im Innern war – trotz der großen Hauptverkehrsstraßen, die an der Kirche vorbeiführen. Wir gehen über die Am-

Herz-Jesu-Kirche

pelkreuzung und laufen entlang des Friedrich-Ebert-Rings. Auf einer Verkehrsinsel sehen wir ein Gebäude im 1950er-Jahre-Charme, das **Wartesälchen.** Hier befand sich über 60 Jahre lang ein ganz typischer Kiosk mit Tabakwaren, Spirituosen und Zeitungen. Nachdem das Gebäude kernsaniert und zu einem kleinen Restaurant umgebaut wurde, befindet sich heute darin ein Kebabhaus. Auffallend zwischen den Hauptverkehrsstraßen sind die wunderschön bunt bepflanzten Grünflächen – nicht nur in den Sommermonaten. Über den Friedrich-Ebert-Ring fuhr früher die Straßenbahn.

Ein Stück weiter sehen wir ein hohes, großes Denkmal. In der Mitte steht die heilige Barbara, rechts und links flankiert

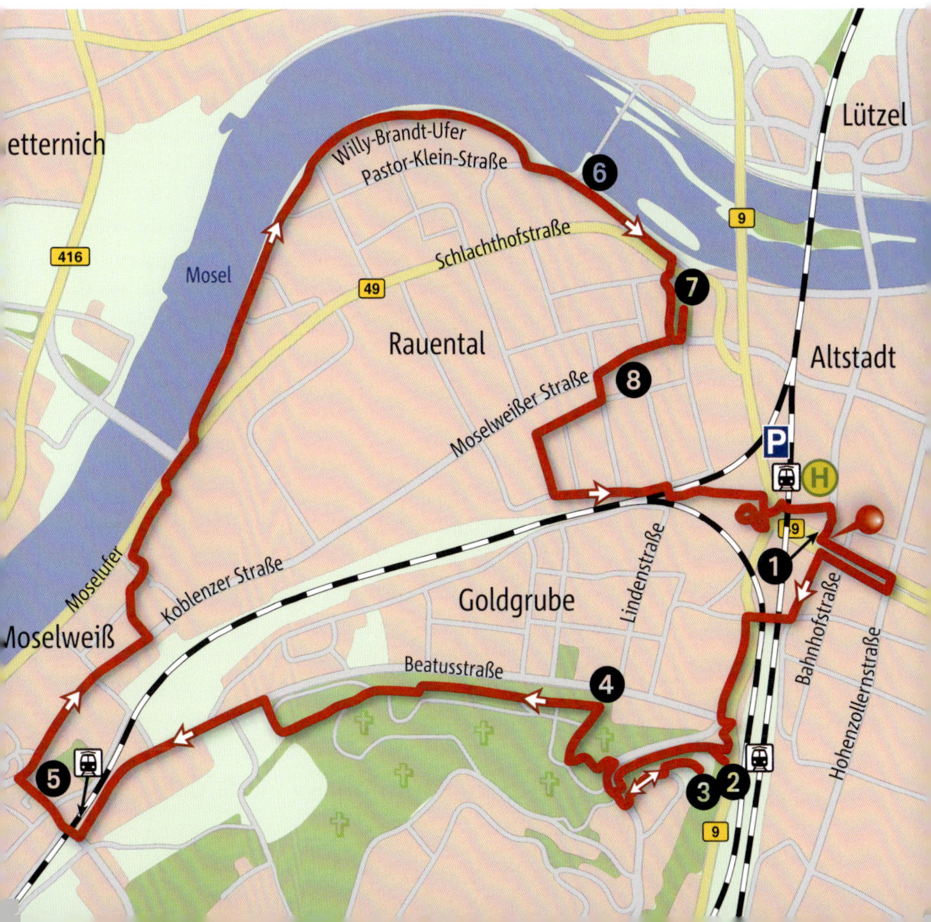

Odeon-Apollo-Kinocenter

von den allegorischen Figuren Krieg und Frieden. Das **Barbara-Denkmal** oder auch Artilleriedenkmal wurde 1907 zu Ehren der in den Einigungskriegen im 19. Jahrhundert gefallenen Soldaten des Rheinischen Feldartillerie-Regiments Nr. 8 errichtet. Damals hieß die Straße noch Kaiser-Wilhelm-Ring. Nach Beschädigung durch Luftangriffe und Abbau 1956 steht das komplett sanierte Denkmal seit 2015 etwa 350 Meter vom ursprünglichen Platz entfernt.

Am Denkmal wechseln wir die Straßenseite und gehen entlang des Friedrich-Ebert-Rings zurück, um dann in die Löhrstraße nach links abzubiegen. Diese Straße mit den vielen Fachgeschäften, Cafés, Bistros, Restaurants und dem **Odeon-Apollo-Kinocenter** verbindet das Stadtzentrum mit dem Hauptbahnhof. Umgangssprachlich wird diese Einkaufsmeile von den Koblenzern auch „Obere Löhr" genannt. Das Odeon ist übrigens das älteste Kino der Stadt. Falls es gerade geöffnet ist, gehen wir ruhig mal hinein, um die Marmorwände, Stuckdecken und die Einrichtung im Art déco-Stil zu bewundern. Die sechs Säle im Odeon-Apollo-Kinocenter sind mit modernster Digitaltechnik ausgestattet. Das verspricht feinstes Kinovergnügen. Und dazu gibt es selbst kreierte, leckere Popcorn-Sorten.

An der nächsten Ampelkreuzung queren wir die Straße. An dieser Ecke erinnert ein **Pestkreuz** an die Epidemie 1669 in Koblenz. Wir gehen weiter unter der Eisenbahnunterführung und der Bundesstraße B 9 hindurch. Wir sind in der Kardinal-Kremetz-Straße, die wir direkt an der Bushaltestelle nach links verlassen. Unser Weg – aufpassen, wir teilen diesen mit Fahrradfahrern – führt links an einem Parkhaus und rechts am Gelände des Brüderhauses des **Katholischen Klinikums Koblenz-Montabaur** vorbei.

Jetzt wird es ein wenig verzwickt, denn wir müssen am Ende des Weges zwei Ampeln passieren und zweimal unter der Bundesstraße B 9 hindurchgehen. Danach führt uns ein schmaler Weg bergan, zunächst zum **Rheinischen Fastnachtsmuseum 2** im historischen Kehlturm des Forts Konstantin. Orden und Uniformen, Kostüme, Karnevalsutensilien sowie prämierte Rosenmontagswagen haben hier ihren Platz gefunden. Selbst wenn man dem rheinischen Brauchtum nicht sonderlich zugetan ist, die Ausstellungsobjekte vom Bodensee bis Köln aus verschiedenen Jahrzehnten bringen auch Karnevalsmuffel zum Schmunzeln.

Schängel im Fastnachtsmuseum

Aktuelle Öffnungszeiten des Fastnachtsmuseum auf der Homepage nachlesen – es hat nicht täglich geöffnet.

Setzen wir unseren Weg entlang der verkehrsreichen Simmener Straße fort, allerdings etwas geschützt durch Bäume und Hecken. Unser nächstes Ziel ist das **Fort Großfürst Konstantin 3**. Dieses erreichen wir über die Straße Am Fort Konstantin, vorbei am Rand eines kleinen Wohngebietes mit modernen Mehrfamilienhäusern. Allerdings kommen wir nur bis zum rekonstruierten und restaurierten Haupttor, über dem in großen Lettern der Name der erhalten gebliebenen Festungsanlage, der Bauzeitraum und dazwischen der Preußische Adler zu sehen sind. Das Gelände kann nur an ausgewählten Tagen besichtigt werden. Dennoch lohnt sich der kleine Umweg für einen ersten Eindruck.

Fort Großfürst

KONSTANTIN

Fort Großfürst Konstantin

Die weitgehend erhalten gebliebene und vom Verein Pro Konstantin e.V. liebevoll wieder hergerichtete Festungsanlage befindet sich auf einer Höhe von 110 Metern auf dem äußersten Bergsporn des Hunsrücks am Hang des Stadtteils Karthause. Diese Anlage wurde zwischen 1822 und 1827 unter Leitung preußischer Militäringenieure als Vorposten der Feste Kaiser Alexander erbaut. Das Fort – nach Konstantin Pavlovich, dem Bruder des russischen Zaren Alexander I. benannt – war Teil der preußischen Großfestung Koblenz, einem der umfangreichsten Befestigungssysteme in Europa. In der Regel kann diese Anlage von Mai bis Oktober an ausgewählten Tagen, am Tag des offenen Denkmals oder während öffentlicher Veranstaltungen wie Ausstellungen, Theater, Konzerte oder Festivals besichtigt werden. Das gilt auch für die Dauerausstellung „Koblenz im Zweiten Weltkrieg". Aktuelle Öffnungszeiten und Kontaktdaten sind auf der Homepage zu finden. Außerdem können die Räumlichkeiten für private Feiern angemietet werden.

Noch ein Tipp: Wer das Fort Konstantin besucht, sollte unbedingt einen Blick über die Mauer werfen, die den Innenhof umschließt – er ist gigantisch und nicht umsonst wohl einer der „schönsten Balkone von Koblenz".

Wir gehen den gleichen Weg wieder zurück und nehmen die Fußgängerbrücke, um auf die andere Seite der Simmener Straße zu gelangen. Nach wenigen Metern bergab, direkt an der stillgelegten Bushaltestelle entlang, biegen wir links durch ein Nebentor in den **Koblenzer Hauptfriedhof** 4 ein. Wir folgen dem Weg nach rechts, dann an dessen Ende wieder rechts in Richtung Haupteingang. Dort sehen wir eine übergroße Baumscheibe von einem Riesenmammutbaum – viel Erfolg beim Zählen der Jahresringe!

Vom Haupteingang aus gehen wir durch die etwa 330 Meter lange **Platanenallee** mit den sehr alten hohen Bäumen, an sehenswerten Monumenten, klassizistischen Stelen und bemerkenswerten Denkmälern entlang. Wir sehen die Gräber von Peter Altmeier, dem ehemaligen Ministerpräsidenten des Landes Rheinland-Pfalz, der Wohltäterin Caroline Settegast, des Dichters Max von Schenkendorf und von weiteren bekannten Persönlichkeiten der Stadt und über deren Grenzen hinaus. Wer sich für Koblenzer Stadtgeschichte und die Kunst der Steinmetze interessiert, sollte bei Gelegenheit einen ausgiebigen Spaziergang oder eine Führung über den terrassenförmig angelegten Friedhof machen, der übrigens zum Stadtteil Goldgrube gehört.

Hauptfriedhof Koblenz

Eine Besonderheit des Friedhofs ist der Baumlehrpfad mit mehr als 500 Baum- und Straucharten.

Wir folgen dem Hauptweg, vorbei an der Trauerhalle mit dem großen **Friedhofskreuz** und dem **Denkmal für die Veteranen der Napoleonischen Kriege.** Die vielen Bäume und Grünflächen zwischen den Grabfeldern und entlang der Wege erinnern eher an einen Landschaftspark – und plötzlich auch an einen Weinberg. Denn wir sehen Rankhilfen und 64 Weinstöcke auf einem neu gestalteten Grabfeld. Hier kann man unter Reben seine letzte Ruhe finden.

Nachdem wir noch ein Stück geradeaus gegangen sind, teilt sich der Weg. Wir gehen leicht rechts, aber weiter geradeaus bis zum Ausgang in der Beatusstraße. Dass wir bei unserem Spaziergang doch recht viele Menschen treffen, ist

Weinstöcke auf dem Hauptfriedhof

nicht verwunderlich. Auf dem Hauptfriedhof gehen viele Koblenzer auch gerne spazieren.

Wohnhäuser im Rauental

Die in beide Richtungen befahrbare Beatusstraße, der wir nach links folgen, verbindet die Stadtteile Goldgrube und Moselweiß. Direkt hinter dem Friedhof führt der Sandgaßweg zur **Bezirkssportanlage Schmitzers Wiese.** Wir aber bleiben auf unserem Weg, der uns an einem großen Schulkomplex vorbei zum **Bahnhof Moselweiß** führt. Jetzt könnten wir tatsächlich die letzten Meter der Moselstrecke bis zum Hauptbahnhof mit der Bahn zurücklegen. Stattdessen aber biegen wir rechts in den Bahnhofsweg ab. An dieser Stelle bietet sich ein kleiner Ausflug in die Geschichte an. Zwischen der Bogenstraße und der Beatusstraße befand sich von 1900 bis 1988 ein Bahnbetriebswerk an der Moselstrecke. Dieses war ein Instandsetzungswerk für Lokomotiven. Außerdem wurden hier Reisezüge bespannt. Kern dieses Werkes war ein 30-ständiger Ringlokschuppen mit Drehscheibe. Es gab außerdem einen Wasserturm mit Kran, eine Schlackengrube, ein Trafohaus, eine Besandungsanlage, ein Verwaltungsgebäude. Das Werk wurde restlos abgerissen. Heute befindet sich hier die Trans Regio Deutsche Regionalbahn GmbH mit eigenem Werk und Depot.

Für Eisenbahnfans ist der Besuch des DB Museums Koblenz in Lützel ein Muss.

Und weiter geht´s zu einem Gebäudekomplex im Bahnhofsweg, in dem viel Geschichte steckt. Die **Kapelle Mariä Heimsuchung 5,** das gelb verputzte Gebäude mit den acht schlanken Maßwerkfenstern, gehört heute zur Priesterbruderschaft St. Pius X. In der Kapelle befindet sich ein neuromanischer Altar aus dem Elsass. Wir schauen einfach, ob die Kapelle geöffnet ist. An die Kapelle schließt sich das große weiße Gebäude des 1863 gegründeten **Salesianerinnenklosters** an. Die Schwestern errichteten neben dem Kloster

Kirchturm von St. Laurentius

Kriegerdenkmal

ein Mädchenpensionat mit Schule. 1866/67 erfolgte die Einrichtung der Klosterkirche Mariä Heimsuchung. Das Nonnenkonvent wurde 1986 aufgegeben. Heute befindet sich darin ein privates Sportinternat. Teile des Klosters wurden Ende der 1990er-Jahre von der Priesterbruderschaft St. Pius X. gekauft.

Direkt neben dem ehemaligen Klostergebäude befindet sich die katholische **Pfarrkirche St. Laurentius**, daneben das Pfarrhaus in einer neugotischen Villa. Die dreischiffige spätromanische Pfeilerbasilika wurde um 1200 errichtet. Das Untergeschoss des fünfgeschossigen Turms ist sogar auf 1107 datiert. Ein Blick ins Innere der Kirche lohnt sich. Bei Restaurierungsarbeiten wurden an einigen Pfeilern der Südseite figürliche Wandmalereien freigelegt. Die drei sehenden Heiligen, eine Ölbergszene etwa um 1500 und die Taufe Jesu aus dem 13. Jahrhundert sollte man sich unbedingt ansehen. Aber auch der steinerne Altar, der Taufstein aus Basaltlava aus dem 13. Jahrhundert und die Fenster mit Szenen aus dem Alten und Neuen Testament in expressiven Farben sind sehenswert. Diese stammen übrigens vom 1926 in Koblenz geborenen Glasmaler Jakob Schwarzkopf, einem der bedeutendsten im 20. Jahrhundert.

Wieder draußen, schauen wir uns das vor der Kirche stehende, lebensgroße **Friedhofskreuz** aus hellem Sandstein sowie die 16 kleinen Basaltlava-Kreuze an. Danach gehen wir um die Kirche herum auf den Friedhof, der wohl ebenfalls um 1200 angelegt wurde. Hier sehen wir auch ein expressionistisches **Kriegerdenkmal.** Bänke und ein Wasserbecken laden ein, zur Ruhe zu kommen.

Anschließend geht es weiter über die Koblenzer Straße durch den Stadtteil Moselweiß. Dieser wurde urkundlich erstmals im Jahr 1070 unter dem Namen Wissa (Weiß) erwähnt. Wie wäre es jetzt mit einer kleinen Pause im urigen **Café-Bistro Levje,** das ein wenig an einen kleinen Tante-Emma-Laden erinnert – nicht nur, weil man hier Dekoartikel und Klamotten shoppen kann? Oder doch lieber ein Glas Wein? Dieses bekommt man in der rustikal eingerichteten Straußenwirtschaft im **Antoniushof Weingut Toni Reif,** teils sogar mit überdachtem Innenhof, oder im **Weinhaus Zum Schwarzen**

Café Levje

Hotel Zum Schwarzen Bären

Bären. Wer seinen Gaumen lieber italienisch verwöhnen möchte, kehrt in die **Pizzeria Artuso** ein. Alles liegt auf unserem Weg, auf dem wir uns die Häuser entlang dieser Straße ansehen. Zum Beispiel Nummer 69, einen spätklassizistischen roten Putzbau aus dem Jahr 1872.

Von der Koblenzer Straße biegen wir nun links in den Kemperhofweg ab und folgen ihm. An der Stelle, wo dieser Weg eine Kurve macht, gehen wir zunächst weiter geradeaus, um dann links in einen schmalen Weg mit Blick auf das **Krankenhaus Kemperhof des Gemeinschaftsklinikums Mittelrhein** einzubiegen. Dieser Weg führt uns zu einem denkmalgeschützten Bruchsteinbau aus der zweiten Hälfte des 19. Jahrhunderts, in dem sich heute das **Haus für Kinder-Kemperhof** befindet. In dieser Kindertagesstätte des Caritasverbandes Koblenz e.V. werden Kinder ab der achten Woche bis zum 14. Lebensjahr betreut. Von diesem Haus aus können wir schon die Mosel sehen. An deren Ufer wollen wir nun entlangspazieren. Dafür überqueren wir die Straße Moselufer an der nächsten Ampelkreuzung, um auf den Moseluferweg zu gelangen. Die Hochhäuser, die wir sehen, gehören zum **Verwaltungszentrum Süd** mit verschiedenen Behörden und Unternehmen. Die hohe Brücke, unter der wir durchgehen, ist die **Kurt-Schumacher-Brücke,** die jüngste Brücke über die Mosel in Koblenz. Sie wurde 1990 fertiggestellt und ist nach dem ers-

Haus für Kinder

ten SPD-Vorsitzenden nach dem Zweiten Weltkrieg benannt. Wer mag, kann die Treppen am Brückenpfeiler hinaufgehen. Und wird mit einem besonderen Blick auf die Mosel und den Stadtteil Metternich mit den Hochhäusern Am Eulenhorst belohnt.

Es ist ein Genuss, am grünen **Moselufer** mit den vielen Bänken entlangzuspazieren. Wir blicken auf die Schiffe und kleinen Boote, die über den zweitlängsten Nebenfluss des Rheins schippern, begleitet von stolzen Schwänen und schnatternden Enten. Wir werfen natürlich auch einen Blick auf die stylischen Wohnhäuser, die immer mal wieder rechts des Weges stehen.

Am Gelände des Koblenzer Ruderclubs Rhenania e.V. 1877 können wir auf der gegenüberliegenden Seite den **Stattstrand am Stadtrand** und die **Surfschule SUP Station** sehen. An warmen Tagen ist dort richtig was los. Kein Wunder, dass sich hier Urlaubsfeeling einstellt, dem wir mit einem Besuch im griechischen **Restaurant Delphi** im Bootshaus der Rhenania direkt nachgehen können – in der Außengastronomie mit einem direkten Blick auf die Mosel.

Blick zum Stattstrand

Biergarten am Froschteich

Der Moseluferweg geht in das Willy-Brandt-Ufer über. An dessen Ende weist ein großer Stein auf den Jakobsweg hin – 2645 Kilometer von Koblenz nach Santiago de Compostela. Gegenüber von diesem Stein befindet sich eine Gewässergüte-Messstation. Jetzt gäbe es erneut eine Einkehrmöglichkeit, nämlich im sehr empfehlenswerten **Biergarten am Froschteich,** der zum Contel-Hotel gehört.

Unser nächstes Ziel ist die Erlebniswelt **Mosellum** 6 am Fischpass Koblenz an der **Staustufe Koblenz,** der letzten vor der Mündung der Mosel in den Rhein. Dieses erreichen wir zunächst über ein kurzes Stück durch die Pastor-Klein-Straße und dann wieder über einen Weg entlang der Mosel. Man kann die große Staustufe gar nicht verfehlen, denn bereits nach dem Biergarten haben wir einen guten Blick auf die Staumauer, die Schleuse und das Wasserkraftwerk. Das Mosellum hat vier barrierefrei zugängliche Ebenen mit interaktiven Ausstellungsexponaten, die einen kurzweiligen Ausflug in die Welt der Wanderfische im Moseltal, der Schifffahrt und der Stromerzeugung durch Wasser bieten – für Kinder und Erwachsene. An der Staustufe haben wir die Möglichkeit, unsere Tour mit dem Spaziergang Nummer 6 zu variieren.

Das Mosellum bietet freien Eintritt und umweltpädagogische Konzepte, etwa für Schulklassen.

Mit Blick auf die Mosel und auf eine etwa 400 Meter lange Verkehrsbrücke, die seit 1991 Europabrücke heißt, verabschieden wir uns vom Moselufer. Wir gehen durch die Unterführung, um das Peter-Altmeier-Ufer und die Schlachthofstraße verkehrsfrei zu passieren. Links blicken wir auf das Gebäude der neuen **Synagoge** und gelangen durch die Schwerzstraße zum Eingang des **Jüdischen Friedhofs** 7 in der Moselweißer Straße. Die Geschichte des Friedhofes im

Stadtteil Rauental reicht bis ins Jahr 1303 zurück. Die jüdische Gemeinde kaufte einen Weinberg, um einen Friedhof für verstorbene Gemeindemitglieder anzulegen. Das erste jüdische Begräbnis ist für das Jahr 1293 nachgewiesen. Wir laufen über den Friedhof durch eine schmale Kastanienallee, an der eine Stützmauer mit alten jüdischen Grabsteinen und Grabmalbruchstücken aus der Barockzeit steht. Eine Stele aus Muschelkalk mit Davidstern erinnert an die von den Nationalsozialisten ermordeten europäischen Juden und Koblenzer Juden. Am Ende der Kastanienallee stehen wir vor der 1925 errichteten Trauerhalle des Friedhofes, in der sich heute die Synagoge befindet. Diese wurde dort 1950/51 eingerichtet und später um einen Gemeindesaal erweitert. Synagoge und Friedhof werden von der jüdischen Gemeinde genutzt. Zurück gehen wir entweder wieder über die Kastanienallee oder über die Wiese vorbei an den Grabsteinen, zum Teil so alt, dass diese schon von Moos und Efeu umwachsen sind.

Wieder auf der Moselweißer Straße, die die Stadtteile Rauental und Moselweiß mit dem Stadtzentrum verbindet,

Staustufe

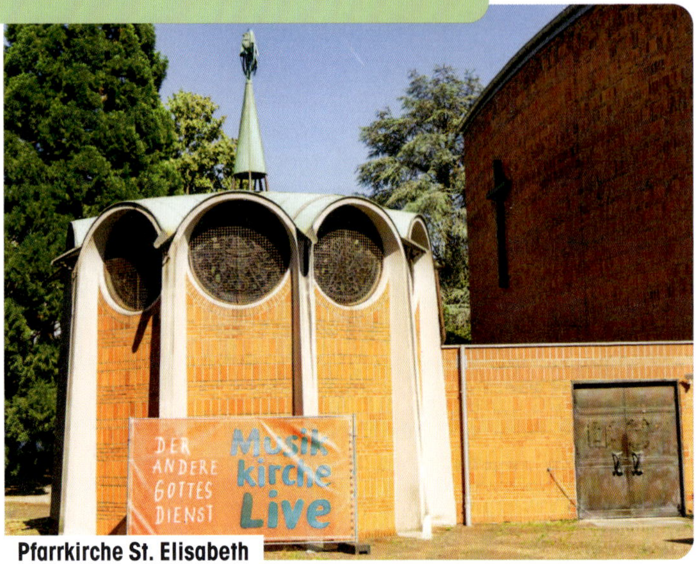

Pfarrkirche St. Elisabeth

gehen wir rechts. In der belebten Straße findet Jung und Alt alles, was man so zum Leben braucht: Wohnungen, Geschäfte, Lokale, einen kleinen Park. Und eine Kirche, deren Turm schon von Weitem für uns sichtbar ist. Die katholische **Pfarrkirche St. Elisabeth 8** ist eine sehr junge Kirche, die erst zu Beginn der 1950er-Jahre erbaut wurde und Teil des UNESCO-Welterbes Oberes Mittelrheintal ist. Gehen wir in die Kirche hinein. So außergewöhnlich wie der Ziegelbau mit dem umlaufenden Glas-Mosaik-Fensterband, der Innenraum mit Altar und 31 Leuchtpendeln ist auch das Konzept der Nutzung. Seit mehr als zehn Jahren wird die Kirche auch als Jugendkirche „X-Ground" und für Veranstaltungen, Ausstellungen sowie kleinere Märkte genutzt. Also nicht wundern, wenn im hinteren Teil der Kirche statt der gewohnten Bänke farbenfrohe Stühle stehen.

Hinter der Kirche biegen wir links in die Yorckstraße ein. An der nächsten Straßenkreuzung werfen wir einen kurzen Blick nach links in die St.-Elisabeth-Straße. An der Ecke befindet sich das **Kolpinghaus,** eine Wohn-, Freizeit- und Bildungsstätte für Auszubildende sowie Schülerinnen und Schüler. In diesem Haus befindet sich auch ein weiteres Restaurant der Pizzeria Artuso. Wir kennen diese ja bereits aus Moselweiß. Danach gehen wir links durch das neue innenstadtnahe Wohngebiet in der Otto-Fohl-Straße, das auf einem ehemaligen Kasernengelände entstand. Weiter geht es nach links durch die Boelckestraße, an deren Ende wieder links in die Hoevelstraße mit **Volkshochschule, Musikschule** und ehemaliger **Boelcke-Kaserne.** In den verbliebenen Kasernengebäuden sind heute Teile der Bundeswehrfachschule untergebracht.

Der Stadtteil Rauental hieß bis 1975 Westliche Vorstadt.

Die letzte Strecke unseres Spaziergangs führt uns durch die Bardelebenstraße und Thelenstraße zu einer Fußgängerbrücke über den Moselring. Jetzt noch einmal unter den Bahngleisen hindurch und am Zugang zum Bahnhof Stadtmitte vorbei. Wir sind wieder am Ausgangspunkt unseres Stadtteil-Hoppings angekommen.

Kolpinghaus

4 WEIN- UND WOHNORT LAY

Start/Ziel: Pfarrkirche St. Martinus, Pastor-Simon-Straße 6, 56073 Koblenz (GPS: 50.32198, 7.54245)
Länge: ca. 4 Kilometer
Dauer: ca. 1,5 Stunden
ÖPNV: Haltestelle Mostertplatz, VRM Regio Bus 31
Parken: Kleiner Parkplatz an der Pfarrkirche St. Martinus, Pastor-Simon-Straße 6, 56073 Koblenz

Unterwegs entdeckt:

1 Pfarrkirche St. Martinus
2 Hochwassermarke
3 Mostertplatz
4 Carolaturm

Essen + Trinken:

Die Strecke bietet sich gut für ein Picknick an. Da es in Lay keine Einkehrmöglichkeiten gibt, kann man auf dem Rückweg einen Stopp in Moselweiß machen, um im **Weinhaus Zum Schwarzen Bären** einzukehren und saisonale Gerichte sowie Weine bei gelebter Gastfreundschaft zu genießen (Koblenzer Straße 35, 56073 Koblenz, Tel. 02 61/4 60 27 13, www.zumschwarzenbaeren.de).

Das Dorf in der Stadt

Nach Lay muss man wollen. Man muss sich ganz bewusst für einen Spaziergang durch den zwischen rebenbepflanzten Hängen liegenden Stadtteil an der Mosel entscheiden. Denn: Der Ort liegt etwa 8 Kilometer außerhalb der Innenstadt. Lay wurde 1970 nach Koblenz eingemeindet und ist heute ein moderner Wohnort, in dem der Charme eines Winzerdorfes noch spürbar ist. Gegenüber von Lay befindet sich ein steil emporragender Felsen, der dem Ort seinen Namen gab. Lay (Ley) ist das althochdeutsche Wort für Fels oder Schiefer.

Beim Bummel durch Lay entdeckt man sowohl den von Weinbau, Handwerk und Landwirtschaft geprägten Charakter des alten Ortskerns als auch die modernen Ein- und Zweifamilienhäuser mit liebevoll angelegten Gärten. Wir beginnen unseren Spaziergang in der Ortsmitte an der **Kirche St. Martinus 1.** Den Kirchturm hat man bereits bei der Anfahrt nach Lay von Weitem sehen können. Besonders stolz ist die Layer Kirchengemeinde auf die kostbare gotische Monstranz aus dem 15. Jahrhundert und auf das Layer Hungertuch, eine weiße Leinenknüpferei mit der Darstellung des Gekreuzigten einschließlich lateinischer Inschrift. Heute wird es aus konservatorischen Gründen in einem Schrank aufbewahrt.

Pfarrkirche St. Martinus

An der Kirche befindet sich die **Grabplatte von Johann Wilhelm Kleefisch.** Er war von 1720 bis 1759 Pastor in Lay. Auf der Grabplatte sind sein Familienwappen, die lateinische Grabinschrift und ein Kelch zu sehen. 1929 wurde diese Grabplatte in das westliche Kirchenportal eingemauert und 2017 an der heutigen Stelle angebracht.

Jetzt aber geht es endlich hinein in den alten Ortskern. Beim Verlassen des Anfang der 1970er-Jahre angelegten Kirchhofvorplatzes fällt der **Layer Kuoleroffer (Kugelraffer)**

4 WEIN- UND WOHNORT LAY

Layer Kuoleroffer

auf. Die Skulptur erinnert an den Spitznamen der pfiffigen Layer. Der Obst- und Gartenbauverein Lay ließ die Bronzeplastik anlässlich seines 40-jährigen Vereinsjubiläums vom Koblenzer Künstler Fritz Berlin erschaffen und aufstellen.

Wir gehen ein kurzes Stück die **Pastor-Simon-Straße** entlang, dann rechts in die Kaufunger Straße. Unmittelbar vor dieser Einmündung befindet sich an der Außenmauer von **Haus Alsbach** ein über 400 Jahre altes **Zehnthofkreuz.** Auf dem Querbalken dieses Steinkreuzes ist die Inschrift 16C und K10 gut zu erkennen. Die Buchstaben C wie Clas oder Nicolaus und K wie Kröbers weisen auf einen ehemaligen Layer Gemeindevorsteher hin. Das Kreuz enthält auch drei Hausmarken und die am Fuß eingravierte Jahreszahl 1784, die auf den seinerzeit dramatischen Hochwasserpegel verweist. In das Kreuz ist eine verschließbare Figurennische mit einer Heiligenfigur eingearbeitet.

Eine Hausmarke ist ein Eigentums- bzw. Sippenzeichen, das zur Kennzeichnung angebracht wurde.

Wir bummeln die Kaufunger Straße in Richtung Mosel entlang, vorbei an **Fachwerkhäusern** bis zum inzwischen geschlossenen Gasthaus Am Anker. Unübersehbar an diesem Gebäude ist eine **Tonplastik,** die an die große Eiskatastrophe im Jahr 1830 sowie an das Mosel-Eisgang-Lied des aus Ehrenbreitstein stammenden Dichters Clemens Wenzeslaus Brentano erinnert. Betrachten wir die Tonplastik einmal genauer, so erkennen wir Personen, die zwischen Eisblöcken eingeklemmt sind. Wir sehen Gegenstände im Wasser der Mosel schwimmen. In unmittelbarer Nähe, am **Fachwerkhaus in der Kaufunger Straße Nummer 1,** ist auch eine **Hochwassermarke** 2 angebracht, die an eine der schlimmsten Naturkatastrophen am 10. Februar 1830 in Lay erinnert.

Von der Kaufunger Straße aus biegen wir in die Maistraße. Sofort fallen uns wiederum Fachwerkhäuser ganz unterschiedlicher Bauweise auf. Eines davon, das **Fachwerkhaus in der Maistraße Nummer 1a,** stammt aus dem 17. Jahrhundert. Das Obergeschoss ziert ein Gemälde, die den Weinbau und den Weingenuss symbolisiert. Unübersehbar ist auch die Figur am Eckpfosten des Obergeschosses. Es ist die **heilige Katharina.**

Die geteerte Maistraße führt uns zum **Mostertplatz 3,** an dem sich einst der Kirmesplatz des Ortes befand. Heute befindet sich hier ein Parkplatz. Benannt ist der Platz nach der

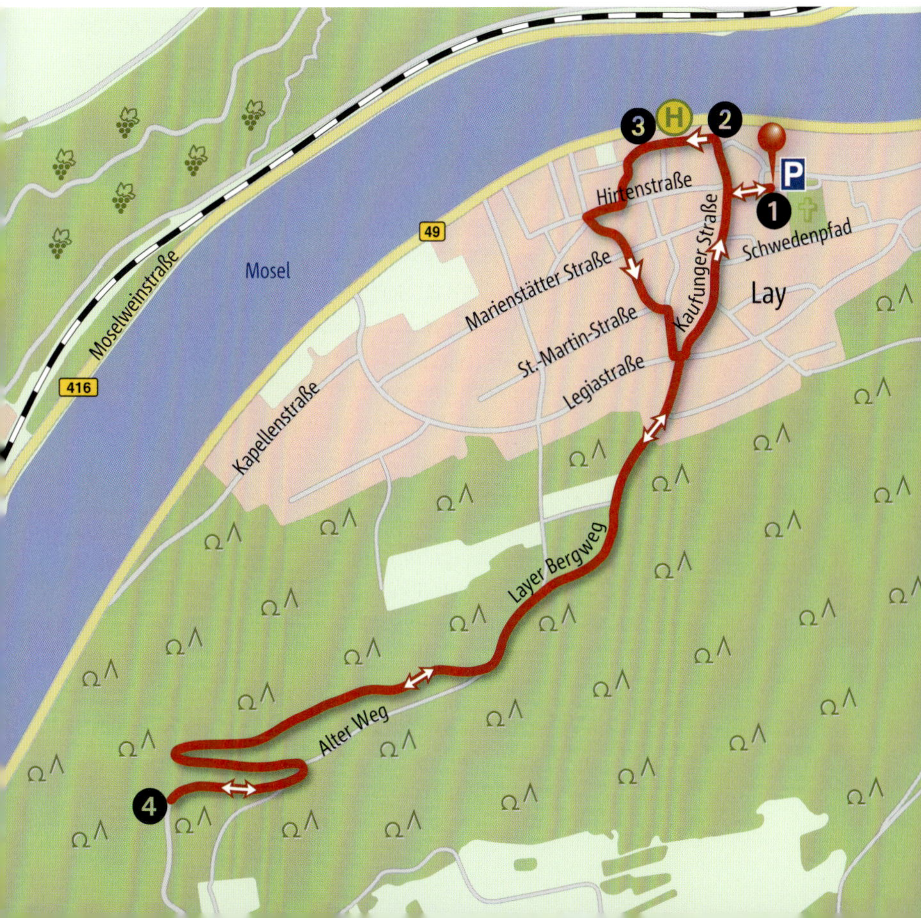

Gedenkkreuz

Carolaturm

Familie Mostert, der die Layer Einwohner unter anderem den Anschluss an die Strom- und Wasserversorgung verdanken. Von diesem Platz aus haben wir einen schönen Blick auf die Mosel und das gegenüberliegende Ufer. Dass die viel befahrene Bundesstraße B 49 direkt hier entlangführt, trübt unseren Blick keinesfalls. Auf dem Mostertplatz steht zwischen dicht bewachsenem Grün ein **Gedenkkreuz,** das an Johann Alexius Schoor erinnert. Er ertrank am 18. August 1766 in der Mosel. Ein weiteres Kreuz, das **Bootskreuz oder Bußkreuz,** fällt erst auf den sogenannten zweiten Blick auf. Es ist das älteste Kreuz im Ort, dessen Herkunft allerdings heute keiner mehr so recht zu deuten vermag.

Unseren Weg setzen wir über die Maistraße in Richtung Hirtenstraße fort, biegen nach links in die Zollstraße, queren die Marienstätter Straße, gehen dann links in die St.-Martin-Straße und letztendlich rechts in die Karolastraße. Und das alles immer bergan. Am Ende der Karolastraße stellt sich die Frage: Lieber in die Legiastraße einbiegen, um in den Ortskern zurückzukehren, oder den steilen Aufstieg über die Kaufunger Straße und den Layer Bergweg zum **Carolaturm** 4 wagen? Natürlich gibt es darauf nur eine Antwort: bergauf! Für den Anstieg über die geteerte schattige Waldstraße mit einigen Kurven benötigt man etwa 30 Minuten. Ein Zeitaufwand, der mit einem traumhaften Ausblick auf die faszinierende Landschaft der Terrassenmosel belohnt wird.

Der Carolaturm ist ein eingeschossiger, etwa 7 Meter hoher Aussichtspunkt. Er wurde 1895/96 vom Coblenzer Verschönerungsverein nach Plänen des Koblenzer Stadtbaurates Friedrich Wilhelm Maeckler errichtet und nach der Ehefrau des damaligen Oberbürgermeisters Emil Schüller benannt. Die Bauart – Schieferbruchstein, einschließlich Strebenpfeiler mit Zinnen und Basalt-Schlusssteinen – verleiht dem Carolaturm ein eher mittelalterliches Aussehen. Auf dem Turm weht unübersehbar die Koblenzer Stadtfahne. Um die fantastische Aussicht zu genießen, betreten wir den Turm durch den ebenerdigen offenen Eingang. Durch die Spitzbogenfenster blicken wir auf einen der schönsten Winzerorte an der Mosel, auf **Winningen.** Spätestens jetzt zücken wir unser Smartphone für das Erinnerungsfoto.

Winningen

Ausblick von den Streuobstwiesen

Mit wunderschönen Bildern im Kopf verlassen wir diesen besonderen Aussichtspunkt und steigen denselben Weg wieder hinab nach Lay. Auf dem Rückweg über die **Streuobstwiesen** genießen wir noch einmal den Ausblick auf die Stadtteile Bisholder und Karthause. Wieder in der Kaufunger Straße angekommen, kehren wir ortsabwärts durch die Pastor-Simon-Straße zu unserem Ausgangspunkt zurück.

Sankt Martinus
IN LAY

Im Stadtbild von Lay ist die Pfarrkirche St. Martinus nicht zu übersehen, egal ob man im Ort unterwegs ist oder sich über die viel befahrene Bundesstraße B 49 nähert. Die Kirche besteht aus einem spätromanischen Teil aus dem 13. Jahrhundert und einem moderneren Anbau aus den Jahren 1928/29, den der Trierer Bischof Franz Rudolf Bornewasser 1932 einweihte. Der Kirchturm – übrigens das älteste Gebäude in Lay – hat drei Geschosse mit Rundbogenfenstern, Schlitzöffnungen und rundbogigen Doppelöffnungen mit Lisenen und Kleeblattbogenfriesen. Namenspatron ist der heilige St. Martinus, ihm zu Ehren ist in der Kirche eine Statue zu sehen.

Der Haupteingang ist heute an der Seitenschiffwand des Anbaus. Der alte Teil der spätromanischen einschiffigen Saalkirche ist eher schlicht. Über der Altarinsel, dem Mittelpunkt der Kirche, hängt ein gotisches Gabelkreuz aus dem 14. Jahrhundert. Zu Beginn der 1970er-Jahre ergänzte der Kölner Künstler Egino Weinert ihn durch einen Kranz von Bronzemedaillons, die Szenen aus dem Alten Testament zeigen.

An der Nordwand, direkt hinter dem Gabelkreuz, schuf die Kailer Künsterlin Maria Benatzky-Tillmann einen großen, handgewebten Teppich mit Rebstock-, Wein- und Blattmotiven. Im ehemaligen Altarraum steht die Tabernakelsäule, die Szenen aus dem Neuen Testament zeigt und zusätzlich 46 Zentimeter hohe Emaillebilder enthält. Unter dem ehemaligen Altarraum befindet sich die tonnengewölbte Krypta, ein sehr alter, vielleicht sogar der älteste Teil der Kirche. Wenige Stufen hinab führen zum Nikolausaltar aus schwarzem Marmor, auf den ein angenehmes Licht durch das darüberliegende Nikolausfenster fällt. Die Krypta wurde im Zuge des Anbaus der Kirche wieder freigelegt. Die Kirche hat eine sehr moderne Orgel, die 1984 anstelle des Hochaltars errichtet wurde.

5 EHRENBREITSTEIN UND DIE FESTUNG

Start: Seilbahn Koblenz, Talstation, Konrad-Adenauer-Ufer, 56068 Koblenz (GPS: 50.36189, 7.60505)
Ziel: Anlegestelle Rheinfähre, Konrad-Adenauer-Ufer, 56068 Koblenz
Länge: ca. 4,5 Kilometer
Dauer: ca. 2,5 Stunden
ÖPNV: Haltestelle Deutsches Eck/Seilbahn, Bus 1/11; Rückkehr zum Ausgangspunkt: zu Fuß entlang des Konrad-Adenauer-Ufers, vor der Talstation links durch den Blumenhof zur Haltestelle
Parken: Parkplatz Peter-Altmeier-Ufer, 56068 Koblenz

Unterwegs entdeckt:

1 Seilbahn Koblenz
2 Aussichtsplattform Rhein-Mosel-Blick
3 Festung Ehrenbreitstein
4 Heribertturm
5 Rhein-Museum
6 Mutter-Beethoven-Haus
7 Kunstbackstube
8 Kapuzinerplatz
9 Rheinfähre Gilles Schängel Shuttle

Essen + Trinken:

In Ehrenbreitstein muss man nicht hungern. Es gibt unter anderem Cafés, eine Lounge, ein indisches Restaurant, einen Döner-Imbiss und einen Supermarkt. Ein besonderer Tipp:
Im **Café am Kapuzinerplatz** bekommt man nicht nur einen guten italienischen Kaffee, sondern kann auch chromglänzende Kaffeemaschinen aus den 1950er- und 1960er-Jahren bestaunen. Der Besitzer, ein Sizilianer, restauriert sie selbst. Gerne gibt er auch Tipps für die heimische Kaffeezubereitung (Humboldtstraße 133, 56077 Koblenz, Tel. 01 76/29 36 47 90).

Zu Fuß, per Schiff und in der Luft

Einst Residenz des Erzbischofs und Kurfürsten von Trier, später preußische Garnisonsstadt – Ehrenbreitstein hat eine 1000-jährige Geschichte. Heute ist dieser Stadtteil vor allem durch soziale Vielseitigkeit sowie kulturelle und künstlerische Angebote geprägt. Es gibt hier gut sanierte barocke Häuser, Ateliers und Galerien, Theater, eine Schauspielschule, Events wie Kulturtage, Cafés, Kneipen, ein Museum und einen Wochenmarkt. Über allem thront auf einem bis zu 118 Meter hohen Felsen eine der bekanntesten Koblenzer Sehenswürdigkeiten, die Festung Ehrenbreitstein.

Ausnahmsweise beginnen wir unseren Spaziergang nicht zu Fuß, sondern nehmen eine umweltfreundliche Verkehrsverbindung. Wir steigen an der Talstation am Konrad-Adenauer-Ufer in eine der 18 Panoramakabinen der **Seilbahn 1**, bei den Koblenzern auch gerne BUGA-Seilbahn genannt. Denn diese wurde zur Bundesgartenschau 2011 gebaut und erfreut sich bis heute bei Einheimischen und Touristen größter Beliebtheit. Gemächlich gondeln wir nun über den Rhein und genießen auf einer Länge von 890 Metern und 112 Höhenmetern den Ausblick auf den Zusammenfluss von Rhein und Mosel, auf die Stadt und auf die umliegenden Mittelgebirge. Wir werden dabei ganz sicher jetzt schon verstehen, warum die Menschen hier so gerne leben.

Seilbahn

Angekommen auf dem **Plateau der Festung Ehrenbreitstein** führt unser Weg zunächst zur **Aussichtsplattform Rhein-Mosel-Blick 2**, ein riesiges hölzernes Dreieck. Wir können es bereits von Weitem sehen. Von diesem architektonisch gelungenen, mehrstöckigen

Bauwerk hat man nochmal eine ganz besondere Aussicht auf die beiden Flüsse.

Um jetzt zur **Festung Ehrenbreitstein 3** zu gelangen, gehen wir über das Festungsplateau, auch **Festungspark** genannt. Früher waren hier Sport- und Parkplätze, während der Bundesgartenschau herrlich farbenfrohe Gärten. Heute sind es grüne Oasen, die sowohl zum Entspannen als auch zum Aktivsein einladen.

Der Festungspark beherbergt auch eine Adventure-Golf-Anlage und einen Kletterspielplatz.

Wir nehmen uns nun viel Zeit, um die Festung Ehrenbreitstein zu erkunden. Die gewaltige Befestigungsanlage wartet mit einer spannenden Geschichte, gigantischen Ausblicken und mit einem lebendigen Kulturzentrum auf. Hier finden Dauer- und Wechselausstellungen, Erlebnisführungen und Stationentheater sowie viele Kulturveranstaltungen statt.

Aussichtsplattform

Um ins Zentrum der Festung zu gelangen, können wir verschiedene Wege nehmen, ohne die Gefahr, uns zu verlaufen. Sind wir dann auf dem **Oberen Schlosshof** angekommen und schauen über die Brüstung, sind wir vom Panoramablick überwältigt. Kein Wunder, dass dieser seinerzeit als Exerzier- und Abstellplatz genutzte Hof schon im 19. Jahrhundert ein beliebtes Ausflugsziel war – und heute immer noch ist.

Natürlich besuchen wir auch die am Oberen Schlosshof befindliche **Festungskirche** aus dem 19. Jahrhundert, bevor wir weiter in Richtung **Große Traverse** gehen, um in unmittelbarer Nähe der **Jugendherberge** zum **Festungsaufzug** zu gelangen. Dieser führt uns entspannt, barrierefrei und per Knopfdruck in drei Minuten hinab in den Stadtteil Ehrenbreitstein.

Dort angekommen, wechseln wir die Straßenseite über die Fußgängerampel und gehen ein Stück an der verkehrsreichen Straße Vor dem Sauerwassertor entlang, die in die Straße Obertal übergeht. Am Hotel-Restaurant Sessellift MAHARANI teilt sich die Straße. Wir folgen dieser nach links, denn wir wollen zum **Dähler Born.** Das Haus im Obertal 24 wurde 1820 als Brunnenhaus für eine Sauerwasserquelle errichtet. Das Wasser, so erzählt man sich, soll bei allerlei Gebrechen helfen, auch gegen Kopfschmerzen und Haarausfall. Gegen ein kleines Trinkgeld kann man das Wasser direkt probieren – na dann, auf die Gesundheit!

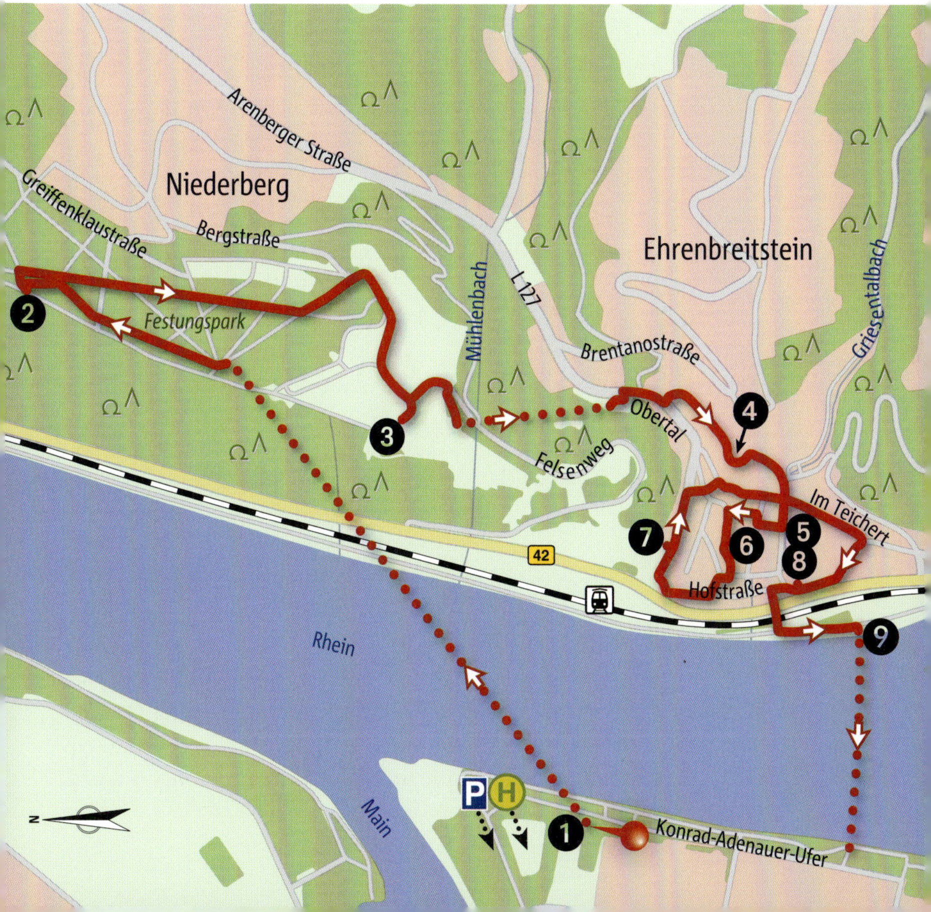

5 EHRENBREITSTEIN UND DIE FESTUNG

Blick von der Festung

Von hier führt unser Weg weiter zur **Heilig-Kreuz-Kirche,** die seit 2002 Teil des UNESCO-Welterbes Oberes Mittelrheintal ist. Der moderne Kirchenbau wurde in den 1960er-Jahren an der Stelle eines barocken Kuppelkirchbaus aus dem 18. Jahrhundert errichtet, denn dieser überstand die Luftangriffe 1944 auf Koblenz nicht. Im Jahr 2017 wurde die Kirche profaniert, da keine regelmäßigen Gottesdienste mehr stattfanden. Seitdem wird sie immer wieder kulturell genutzt.

In unmittelbarer Nähe der Kirche steht der **Heribertturm 4,** der seit 1848 der Pfarrei Heilig Kreuz als Glockenturm dient. Am Turm selbst befinden sich Infotafeln zur Geschichte des Turms, zu den Glocken und der Turmuhr. Zwischen Heribertturm und Kirche blickt man hinab auf Ehrenbreitstein und hinauf zur Festung.

Dähler Born

Nach einer kleinen Pause geht es über die Straße An der Kreuzkirche hinunter „ins Dahl". Am Bückerplatz biegen wir auf unserer Tour das erste Mal in die Humboldtstraße – wir kommen später dorthin zurück –, um dann nach rechts der Helfensteinstraße zu folgen, die uns zur Charlottenstraße führt. Wir bekommen einen ersten Eindruck von diesem Stadtteil, der seit 1937 zu Koblenz gehört. Achten wir auf unserem Weg doch einmal auf die Kanaldeckel. Manche tragen das Wappen von Ehrenbreitstein.

Bevor wir die Straßenseite wechseln, schauen wir einmal nach rechts die Straße hinauf. Dort sehen wir nämlich ein Gebäudeensemble, dem man einen zweiten Blick schenken sollte. Es handelt sich um das einstige **Pallotinerkloster,** vier barocke Gebäude, deren Hof eine neugotische **Klosterkapelle** birgt. Diese kann man zu bestimmten Anlässen, wie den Ehrenbreitsteiner Kulturtagen, besichtigen. Beginnend immer im Herbst, treffen sich bis Mai des kommenden Jahres hinter den dicken Mauern dieser Kapelle

Heribertturm

Blick auf Ehrenbreitstein und Rhein

jeden Dienstag die sogenannten „Schlaraffen". Das sind Männer mit wachem Geist und Sinn für feinen Humor, die das Spiel mit den Worten mögen und gerne rezitieren, musizieren, dichten und komponieren.

Wir gehen nun die Charlottenstraße abwärts in Richtung Rhein. Nach wenigen Metern sind wir am **Rhein-Museum 5** mit seiner 1800 Quadratmeter großen barrierefreien Ausstellung. Interessiert am Leben am, im und auf dem Rhein? Dann unbedingt einen Besuch im Museum einplanen!

Hinter dem Rhein-Museum, direkt unterhalb der Festung Ehrenbreitstein, befindet sich das von Kurfürst Franz Georg von Schönborn Mitte des 18. Jahrhunderts errichtete barocke Dikasterialgebäude. Es diente als Verwaltungsgebäude und ist heute einer der Standorte des Pädagogischen Landesinstituts. Wir gehen daran vorbei, überqueren die Charlottenstraße an der Fußgängerampel und gehen hinein in die Hofstraße. Uns fällt sofort das große Gebäude mit der hellen Ziegelfassade auf. Darin befinden sich ein modernes **Ärzte- und Gesundheitszentrum** sowie moderne Wohneinheiten. Beim Bau des Gebäudes wurde auch die Fassade des denkmalgeschützten **Exner-Hauses** in der Hofstraße 264 integriert.

Bückerplatz

In der Hofstraße erinnern viele historische Gebäude daran, dass es sich bei dieser Straße einst um eine repräsentative Hauptstraße der ehemaligen Residenzstadt Ehrenbreitstein gehandelt hat. So weist eine Gedenktafel am Haus in der **Hofstraße 262** darauf hin, dass hier am 9. September 1778 der Dichter Clemens Brentano geboren wurde. Heute ein Wohnhaus, war es im 18. Jahrhundert ein Hotel, das vom kurtrierischen Kanzler Frank Michael la Roche und seiner Frau, der Dichterin Sophie von La Roche betrieben wurde. Zu den Hotelgästen gehörte auch Johann Wolfgang von Goethe. In der **Hofstraße 271** befand sich bis Ende des 18. Jahrhunderts die Gastwirtschaft Zur goldenen Sonne. Genau hier ist jetzt das **Theater am Ehrenbreitstein,** ein freies Theater mit beeindruckenden Inszenierungen und nur knapp 20 Plätzen – intensive, hautnahe Theatererfahrung mit besonderer Atmosphäre, sehr zu empfehlen! Rund um das Theater sind Galerien beheimatet und ein Geschäft, in dem sich Zwei- und Vierbeiner wohlfühlen.

An der Ecke Hofstraße/Am Markt steht das palaisartige **Coenensche Haus** oder Conen Palais, welches 1714 erbaut wurde und unter anderem schon als Wohnhaus, Stadthaus, Kommandantur, Offizierscasino, Entlausungsstation, Jugendherberge und Kindertagesstätte diente. Seit der Sanierung im Jahr 2007 können die repräsentativen Räumlich-

Haus in der Helfensteinstraße

keiten für Veranstaltungen wie Hochzeiten, Konzerte, Lesungen oder Vernissagen angemietet werden.

Schräg gegenüber vom Coenenschen Haus ist das urige **Café Am Markt.** Wer leckere hausgemachte Kuchen und Torten mag, sollte hier unbedingt eine Pause machen. Kurz hinter dem Café biegen wir nach links in die Wambachstraße und gelangen als Nächstes zum **Mutter-Beethoven-Haus 6,** dem Geburtshaus von Maria Magdalena Keverich. Das Haus aus dem 17. Jahrhundert beherbergt eine Ausstellung, die das Leben der Mutter des Komponisten Ludwig van Beethoven erzählt und die Beziehungen des Komponisten nach Koblenz sowie zum Koblenzer Musikleben im 18. und 19. Jahrhundert zeigt. Außerdem finden Veranstaltungen statt, die sich der Musik, Literatur, Kunst und Geschichte widmen. Der **Taufstein** der einstigen St.-Heribert-Kirche vor dem Haus stammt wohl aus dem 15. Jahrhundert. Er stand auch schon als wasserspeiender Brunnen in den Koblenzer Rheinanlagen. In unmittelbarer Nähe, in der Wambachstraße 199, befindet sich das **Atelier Lüpke.** Allein schon die im Schaufenster ausliegenden Unikate aus Porzellan verlocken zu einem Besuch.

Von der Wambachstraße, übrigens eine der ältesten Straßen in Ehrenbreitstein, gehen wir nach rechts in die sehr schmale Kellereibotsgasse – „Gäßchen" wäre wohl passender. Hier sehen wir ein in den 1990er-Jahren saniertes und sehr einfühlsam restauriertes Haus in Fachwerkbauweise mit Lehmputz und Bruchsteinmauerwerk. Das ist das ehemalige Haus der jüdischen Gemeinde Ehrenbreitstein. Ab 1802 war eine **Synagoge** im Hinterhaus. In unmittelbarer Nähe gab es auch eine Mikwe. Ende des 19. Jahrhunderts löste sich die Gemeinde auf.

Mikwe bezeichnet im Judentum das Tauchbad.

Unser Weg führt uns als Nächstes in die Friedrich-Wilhelm-Straße, dann durch die Meesgasse in die Humboldtstraße. Viele Häuser, die wir hier sehen, haben eine lange Geschichte und zeugen vom Leben und Wirken der Ehrenbreitsteiner über die Jahrhunderte hinweg. In der Humboldtstraße, die nach dem Naturforscher Alexander von Humboldt benannt ist, kommen wir direkt zur **Kunstbackstube 7,** die sich in den Räumen einer ehemaligen Bäckerei befindet. Hier

Dikasterialgebäude und Festung

kann man ganz besondere handgetöpferte Keramik unterschiedlichster Stilart für den Alltag wie auch zur Deko erwerben.

Unbedingt mal einen Töpferkurs machen.

Auf dem weiteren Weg müssen wir jetzt etwas achtsam sein, um den Abzweig nach rechts durch eine schmale Hausunterführung nicht zu verpassen. Schließlich wollen wir noch zum **Martin-Gropius-Bau,** der sich Im Teichert befindet. Das Haupthaus des ehemaligen preußischen Garnisonslazaretts der Festung Koblenz ist heute ein modernes Wohnhaus mit mehreren Wohneinheiten. Wir folgen der Straße nach rechts in Richtung Kapuzinerplatz, gehen an der staatlich anerkannten **Schauspielschule Koblenz** vorbei und machen einen kurzen Stopp am **Konradhaus.** Es wurde 1874 als Casino- und Offizierswohnheim erbaut, dann vom Kapuzinerkloster und von 1996 bis 2014 als Theater sowie Kulturstätte genutzt. Seit 2002 ist das Konradhaus Teil des UNESCO-Welterbes Oberes Mittelrheintal. Vor dem Konradhaus steht eine mit Büchern gut gefüllte ehemalige Telefonzelle, die zum fröhlichen Lektüretausch einlädt.

Kapuzinerkirche

Der **Kapuzinerplatz** 8 mit der **Kapuzinerkirche** und dem ehemaligem **Kapuzinerkloster** ist ein beliebter Treffpunkt, auch um im **Café am Kapuzinerplatz,** einer Art italienischer Kaffeebar, einen guten Espresso aus einer Oldtimer-Kaffeemaschine zu genießen. Seit mehr als zehn Jahren findet hier immer mittwochs der Wochenmarkt statt, mit regionalen Angeboten, verschiedenen Spezialitäten, Delikatessen und natürlich Winzerwein.

Wir schlendern über den gepflasterten Platz, in dessen Mitte der **Pegelbrunnen** steht. Säulen, aus denen Wasser sprudelt, zeigen die Hochwasserstände in Ehrenbreitstein an. Zum Glück kommt keine mehr hinzu, denn der am Rhein liegende Stadtteil hat Hochwasserschutztore erhalten. An der **Römerbrücke am Rhein** können wir uns die Hochwasserstände anhand der dort angebrachten Marken ansehen. Und dorthin bummeln wir jetzt. Doch halt! Erst bewundern wir das

Graffiti an der Wand des Pumpwerkes, das der Street-Art-Künstler Daniel Schmitz gestaltet hat. Deutlich zu erkennen sind die Festung Ehrenbreitstein und das Deutsche Eck sowie die Verbindung beider Sehenswürdigkeiten durch die Seilbahn.

Pegelbrunnen

Wir sind am Rhein angekommen. Blicken wir am gegenüberliegenden Flussufer entlang, sehen wir unter anderem das Deutsche Eck, die Seilbahn hinauf zur Festung, das Pegelhaus und das Preußische Regierungsgebäude. Sogar bis zur Pfaffendorfer Brücke können wir schauen. Nun laufen wir nach links zur Anlegestelle der **Rheinfähre Gilles Schängel Shuttle 9.** Wer noch nicht über den Rhein zurückschippern mag, macht noch einen Abstecher in **Cuvée Diehls Lounge.** In bequemen Loungesesseln oder Sitzsäcken genießt man mit einem leckeren Getränk den Blick auf die Silhouette der Koblenzer Altstadt. Mit der Fähre gelangen wir wieder auf die andere Rheinseite. Wer jetzt noch weiterlaufen mag, kann am Konrad-Adenauer-Ufer entlang zum Deutschen Eck gehen und dort den Spaziergang Nummer 1 anschließen.

Rheinfähre

6 LÜTZEL, METTERNICH UND GÜLS

Start: Peter-Altmeier-Ufer, 56068 Koblenz (GPS: 50.36346, 7.60244)
Ziel: Gülser Eisenbahnbrücke, 56073 Koblenz
Länge: ca. 12,5 Kilometer
Dauer: ca. 3,5 Stunden
ÖPNV: Haltestelle Deutsches Eck/Seilbahn, Bus 1/11; Rückkehr in die Innenstadt: Haltestelle Gülser Brücke, Bus 6/16 bis zur Haltestelle Löhr-Center/Bf. Stadtmitte, von dort Fußweg zum Moselufer
Parken: Parkplatz Peter-Altmeier-Ufer, 56068 Koblenz

Unterwegs entdeckt:

1 Moselfähre Liesel
2 Feste Kaiser Franz
3 Staustufe Koblenz
4 Stattstrand am Stadtrand
5 Schönbornbrünnchen
6 Schönstattzentrum Haus Providentia
7 Metternicher Eule
8 Pfarrkirche St. Servatius
9 Gülser Eisenbahnbrücke

Essen + Trinken:

Auf dem Weg gibt es sowohl Lokale und Outdoor-Gastronomie als auch Bäckereien. Ein besonderer Tipp sind in den Sommermonaten der **Stattstrand am Stadtrand** (Universitätsstraße, 56072 Koblenz, www.statt-strand-koblenz.de) sowie die Winzerwirtschaften im Stadtteil Güls.

Von der Mosel über die Eule zum Wein

Koblenz hat 30 Stadtteile. Wir erkunden nun drei von ihnen: Lützel, Metternich und Güls. Alle drei Stadtteile haben einiges gemeinsam: Sie liegen linksseitig am zweitlängsten Nebenfluss des Rheins, der Mosel. Es sind historisch gewachsene Stadtteile, die nach Koblenz eingemeindet wurden. Und der Weinbau spielt hier eine große Rolle. Die drei Viertel kann man über einen abwechslungsreichen Spaziergang kennenlernen, bei dem man fantastische Ausblicke genießen und viel Geschichtliches erfahren kann. Aber man lernt auch Ecken kennen, die man auf den ersten Blick nicht unbedingt mit Schönheit in Verbindung bringen würde. Hier lohnt ein zweiter Blick!

Gemächlich schippert die kleine grün-weiße **Moselfähre Liesel** 1 über den Fluss. Wir sind an der Anlegestelle am **Peter-Altmeier-Ufer** eingestiegen, um auf die andere Uferseite nach Lützel zu gelangen. Ein hervorragender Einstieg für diesen Stadtspaziergang, denn von der Personenfähre aus können wir das Panorama der Altstadt bewundern.

An der Anlegestelle am **Neuendorfer Eck** angekommen, setzen wir uns zunächst auf eine der Bänke und genießen den etwas anderen Blick auf das **Deutsche Eck** und die **Festung Ehrenbreitstein,** fern des touristischen Trubels. Links hinter uns liegt der **KNAUS Campingpark Koblenz/Rhein-Mosel,** eine gepflegte Oase für Camper mit viel Grün und Kieselstrand am Rhein. Wir laufen am Campingplatz vorbei und biegen nach rechts in den Schartwiesenweg ein. Es gibt keine Alternative: Wir müssen um die **Schiffswerft Koblenz** herum. Auf dem Weg sehen wir den Gebäudekomplex des **Wasserstraßen- und Schifffahrtsamt Mosel-Saar-Lahn.**

Am Ende der Straße gehen wir nach links in die Neuendorfer Straße. Die viel befahrene Wohnstraße führt uns zum **Schüllerplatz.** Auch wenn der Platz nicht gerade zum Verweilen einlädt, lohnt sich ein Blick auf die umliegenden Häuser. Viele stammen aus der Gründerzeit, auch wenn deren Glanzzeiten längst vorbei sind. Am Schüllerplatz gibt es noch wenige Geschäfte, eines davon ist die Metzgerei Seul,

Blick von Lützel aufs Deutsche Eck

ein Familienunternehmen mit sehr langer Tradition. Unter der Rampe der Balduinbrücke und unter den Bahngleisen hindurch geht es aufwärts, erst durch die Mayener Straße und dann durch die Bodelschwinghstraße. Geduld, der zu erwartende Ausblick lohnt!

Was nicht auf unserem

WEG LIEGT

Die Kulturfabrik (KUFA) in der Mayer-Alberti-Straße ist ein über die Stadtgrenzen hinaus beliebtes freies Kleinkunsttheater mit urbanem Flair, das in einem Fabrikgebäude aus der Gründerzeit untergebracht ist. Unser Spaziergang führt an diesem Gebäude zwar nicht vorbei, dennoch sollten wir uns die KUFA merken. Denn dort gibt es ganzjährig ein sehr abwechslungsreiches Programm aus Theater, Tanz, Kabarett, Kleinkunst und Musical. Etwas Besonderes ist das 1991 gegründete Jugendtheater, in dem über die Jahre mehr als 700 junge Menschen ab sechs Jahren in weit mehr als 60 Produktionen mitgewirkt haben.

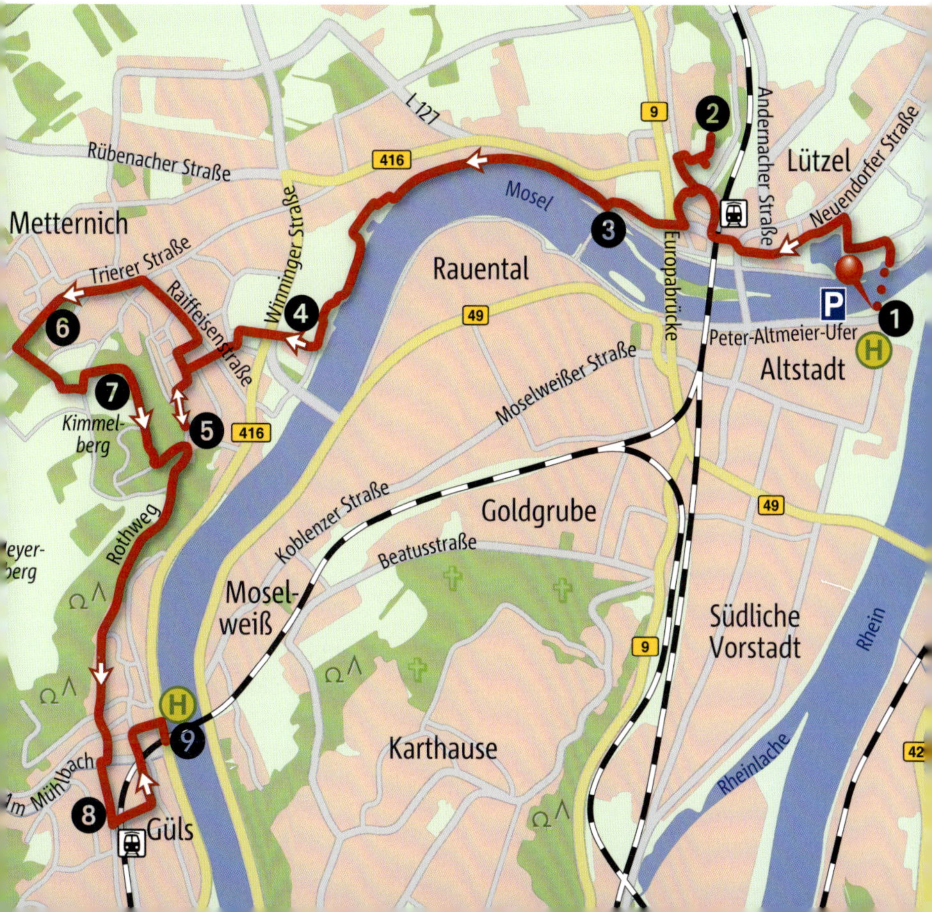

Einst befand sich in dem Gebäude der KUFA die Kuvertierfabrik Mayer-Alberti. Diese Papierwarenfabrik, übrigens die größte Briefumschlagfabrik Deutschlands, wurde in der NS-Zeit arisiert. Die jüdischen Eigentümer mussten emigrieren. Große Teile der Fabrik wurden bei Luftangriffen auf die Stadt zerstört.

Auf dem Gelände an der KUFA kann man freitags regionale und saisonale Produkte einkaufen. Diese Art von Markt und das Netzwerk der Erzeuger aus Koblenz und Umgebung nennt sich Marktschwärmer Koblenz.

Feste Kaiser Franz

Von der Bodelschwinghstraße führt uns ein kleiner Weg hinauf auf den Petersberg zur **Feste Kaiser Franz 2**. Was für ein Ausblick! Wir stehen an der Kehlmauer und blicken auf den uns zu Füßen liegenden Stadtteil Lützel hinüber zur Festung Ehrenbreitstein und zum Fort Asterstein. Die Feste Kaiser Franz, zwischen 1816 und 1822 errichtet und benannt nach dem österreichischen Kaiser Franz I., sicherte zusammen mit anderen Festungen die Stadt vor den Angriffen vom linken

An der Kehlmauer

Moselufer aus. Man kann heute über das neu angelegte parkähnliche Gelände spazieren.

Unweit der Festung, linksseitig, befindet sich der **Volkspark Lützel,** der in den 1930er-Jahren auf dem ehemaligen Festungswerk Bubenheimer Flesche entstand. Dieses war Teil der preußischen Festung Koblenz und gehörte zum System der Feste Kaiser Franz. Unterhalb des Volksparks liegt der Franzosenfriedhof mit dem **Monument Marceau,** das zu Ehren des französischen Generals François Séverin Marceau errichtet wurde. Ihm gelang mit einem symbolträchtigen Sieg 1794 die Eroberung von Koblenz. Der Franzosenfriedhof entstand als Erinnerung an die Toten des Kriegsgefangenenlagers im Deutsch-Französischen Krieg 1870/71.

Führungen durch die Feste Kaiser Franz sind auf Anfrage möglich.

Monument Marceau

Jetzt geht es denselben Weg wieder ein Stück zurück, dann rechts in die Straße An der Ringmauer und schließlich links in die Mariahilfstraße. Uns begleitet der Verkehrslärm der Bundesstraße B 9, doch es wird bald besser – versprochen! An der Stelle, an der die Mariahilfstraße eine leichte Kurve macht, könnten wir jetzt über den Wiesenweg hinab zur Mosel gehen. Aber wir wollen doch der Hall of Fame unsere Aufwartung

6 LÜTZEL, METTERNICH UND GÜLS

Stattstrand

machen. Daher gehen wir rechts in die Weinbergstraße. Auf den Mauerflächen und Brückenpfeiler auf dem Gelände unter der Europabrücke haben Graffitikünstler – inzwischen übrigens aus der ganzen Welt – beeindruckende Kunstwerke geschaffen. Die Stadt hat diese Flächen für das legale Sprühen zur Verfügung gestellt.

Am Ende der Weinbergstraße kommen wir zur **Staustufe Koblenz 3.** Diese Staustufe ist die letzte an der Mosel vor der Mündung des Flusses in den Rhein. Sie hat ein Walzenwehr, zwei Schleusen für Großmotorgüterschiffe, ein Wasserkraftwerk und eine Fischtreppe. An der Staustufe befindet sich rechtsseitig das **Mosellum.** Es informiert über das Leben am Fischpass Koblenz.

Nehmen wir uns jetzt eine kleine Pause, um den Schiffen beim Schleusen zuzuschauen. Danach setzen wir unseren Spaziergang entlang der Mosel fort. Den schmalen Weg mit wunderschönem Blick auf die Mosel teilen wir uns mit Radfahrern, also achtsam sein. Wenden wir unsere Aufmerksamkeit einmal nach rechts, können wir die Gebäude auf dem modernen Campus der **Universität Koblenz,** einer der jüngsten Hochschulen Deutschlands, sehen.

Lust auf karibisches Flair? Dann sollten wir jetzt am **Stattstrand am Stadtrand 4** einkehren. Die nackten Füße im feinen Quarzsand, chillend mit einem leckeren Getränk direkt am Moselufer. Fast müssen wir uns zwingen, nach dieser Pause unseren Weg fortzusetzen. Natürlich haben wir registriert, dass man hier auch Stand-Up-Paddling machen kann – ein weiterer guter Grund, um wiederzukommen.

Wir kürzen quer über den geschotterten Uni-Parkplatz zur Universitätsstraße ab. Danach gehen wir links und an der Bäckerei Höfer gleich wieder rechts in die Straße Oberweiher, später Am Kimmelberg. Am Ende dieser Straße machen wir einen Abstecher nach links zum **Schönbornbrünnchen 5.** Die Brunnenstube mit angeschlossenem Wasser- und Belüftungsturm der Geisborn-Quelle ist Zeugnis für den Bau der kurfürstlichen Wasserleitung der Stadt Koblenz von 1783 bis 1786. Eine Marmorplatte erinnert an die ingenieurtechnischen Leistungen des kurfürstlichen Hofbrunnenmeisters

Schönbornsbrünnchen

Georg Kirn. Er baute diese ca. 6 Kilometer lange Wasserleitung bis zum Kurfürstlichen Schloss.

Von hieraus gehen wir zurück und folgen der Straße Am Eulenhorst durch eine recht grüne Wohnsiedlung zur Raiffeisenstraße, der wir nach links folgen. Kurz vorm Ende dieser Straße befindet sich links ein 1879 errichtetes Schulgebäude, umgeben von wunderschönen alten Linden. Heute ist darin die **Grundschule Metternich Oberdorf** untergebracht.

Wer den Spaziergang durch einen der einwohnerstärksten Stadtteile von Koblenz an dieser Stelle beenden möchte, kann am Ende der Raiffeisenstraße nach rechts in die Trierer Straße gehen, um am Kirmesplatz in die Buslinie 5 einzusteigen und in die Stadt zurückzukehren.

Unser Weg geht am Ende der Straße nun nach links in die Trierer Straße und dann immer bergauf zum **Schönstattzentrum Haus Providentia 6**. Natürlich lockt uns das einladend weit geöffnete Tor hinein. Bei der neuklassizistischen Villa mit der sehr liebevoll gestalteten Gartenanlage handelt es sich um das **Weidtmannsche Schlösschen,** das 1950 von den Schönstätter Marienschwestern gekauft wurde. Wir bummeln vorbei am Schalenbrunnen mit der Figur Maria Immaculata, der Figur des segnenden Paters Joseph Kentenich, hin zu einer weiß verputzten Kapelle, die eine Kopie des Altars aus Schönstatt beherbergt. Zwischendurch können wir uns immer wieder auf eine der Gartenbänke an den blühenden Blumenbeeten setzen und die magische Ruhe genießen.

Pater Kentenich

Die Schönstatt-Bewegung wurde von Pater Joseph Kentenich gegründet.

Schönstatt- BEWEGUNG

Die Schönstatt-Bewegung entstand in dem gleichnamigen Ortsteil der Stadt Vallendar, etwa 6 Kilometer entfernt von Koblenz. Es ist ein Wallfahrtsort, Ursprung und Weltzentrum einer internationalen Bewegung. Entstanden ist diese aus dem Liebesbündnis mit Maria, der Mutter Jesu, das Pater Joseph Kentenich mit einer Gruppe Jugendlicher am 18. Oktober 1914 geschlossen hat. Weltweit gibt es etwa 200 Schönstatt-Zentren. Die Menschen suchen in Schönstatt Heimat, Kraft und Orientierung, um ihren Glauben im Alltag zu leben.

Western-Windrad

Wir verlassen diesen Ort der Besinnung und gehen die Trierer Straße noch etwa 250 Meter weiter. Dann biegen wir links ab. Wir sehen etwas entfernt rechterhand eine etwa 15 Meter hohe Stahlkonstruktion mit Vielblattrotor und einer Fahne zur Windrichtungsnachführung. Das ist das originale **Western-Windrad.** Es wurde 1912 nach den Plänen des Ingenieurs und Regierungsbaurates Max Weidtmann errichtet. Wir sehen auch ein Gebäude, die Grillhütte, in der man mit grandiosem Blick über die Felder und Wiesen hinab nach Koblenz ausgelassen und ungestört feiern kann.

Buchung der Grillhütte über den Förderverein zur Erhaltung der Windmühle e.V.

Auf dem weiteren Spaziergang durch die Felder müssen wir gut aufpassen, um die richtigen Wege zu unserem nächsten Ziel zu finden. Am Ende des ersten Feldweges gehen wir links, an der nächsten Mündung wieder links und beim nächsten Abzweig rechts. Wir sind am Ziel, an der **Metternicher Eule 7.** Was beeindruckt uns jetzt mehr – der Ausblick oder der 9 Meter hohe Obelisk mit Adler? Das preußische Kriegerdenkmal auf dem Kimmelberg wurde zu Ehren gefallener preußischer Soldaten errichtet. 1993 wurde es zu einem Mahnmal des Friedens umgewidmet. Vom Wahrzeichen des Stadtteils Metternich hat man einen unvergleichbaren Blick auf die Mosel.

„Eule" ist die scherzhafte Bezeichnung für den das Denkmal krönenden Adler.

Von hier aus spazieren wir durchs Grüne erst einmal wieder hinab in Richtung des Stadtteils Metternich. An den ersten Häusern angekommen, gehen wir rechts in den Rothweg, der uns heute zum dritten und letzten Stadtteil führt – weiter mitten durchs Grüne. Rechterhand erstreckt sich das knapp 2 Hektar große von Sträuchern überwucherte **Naturschutzgebiet Eiszeitliches Lössprofil.**

Nach etwa einem halben Kilometer über den Rothweg kommen wir an den **Aussichtspunkt Koblenz-Güls.** Auf dem schmalen Pfad hinab zum erstmals im Jahr 775 erwähnten Güls tut sich plötzlich ein Ausblick auf die Mosel auf, der uns buchstäblich den Atem verschlägt.

Blick von der Metternicher Eule

Auf dem Weg Über'm Rath und durch die Planstraße gehen wir in Richtung des noch ganz typischen Winzerortes, der keltischen Ursprungs sein dürfte und 1970 nach Koblenz eingemeindet wurde. Wer mag, macht vorher noch einen weiteren Abstecher über die Straße Am Heyerberg zur kleinen **Napoleonskapelle.**

Am Ende der Planstraße überqueren wir die Teichstraße und gehen in die Gulisastraße. Genau an dieser Querung befinden sich die aus dem 13. Jahrhundert stammende **katholische Kirche Alt-St. Servatius** und das **Heimatmuseum Güls,** das in einer kontinuierlich erweiterten Ausstellung Fragen nach Leben und Arbeiten an der Mosel nachgeht. Zudem ist das ehrenamtlich geführte Museum längst eine kulturelle Begegnungsstätte, nicht nur für Menschen in Güls. Die Gulisastraße bietet einige Geschäfte, wie Supermarkt, Optiker oder Boutique. Das Straßenbild prägen das **Pfarrhaus** in der Hausnummer 5, ein stattlicher Mansardenbau, sowie der **Streckhof** in der Nummer 16. Dieses dreiachsige Wohnhaus aus dem 19. Jahrhundert, teilweise mit Fachwerk, fällt allein durch die bauliche Substanz auf. Wir gehen die Gulisastraße weiter und erreichen unser nächstes Ziel, die **Pfarrkirche St. Servatius 8.** Das Gotteshaus wurde von 1833 bis 1840 erbaut. Dieser neuromanische dreischiffige Bruchsteinbau mit einer Doppelturmfassade löste die im 19. Jahrhundert zu klein gewordene Servatius-Kirche ab.

Wir folgen weiter der sehr langen, später durch eine Wohnsiedlung mit schmucken Einfamilienhäusern führenden Straße zum **Großheiligenhäuschen.** Es wurde im 15. Jahrhundert erbaut und bot pilgernden Menschen einen Ort für Gebete oder Schutz bei Unwetter. Wenige Meter hinter dieser Kapelle gehen wir zweimal links in die Straße Am Turnerheim. Diese Straße mündet rechts in die Eisheiligenstraße. Wir biegen bereits nach wenigen Metern in die Servatiusstraße ab, gehen durch die Bahnunterführung und wieder über die Teichstraße in die Neustraße bis zu einem der bedeutendsten Musik- und Kleinkunstclubs am Mittelrhein, dem **Café Hahn.** Schauen wir uns die Programmankündigungen einmal an. Da ist ganz sicher für jeden Geschmack etwas im Angebot.

Nun folgen wir nur noch der Stauseestraße hinab zum Moselufer, an dem uns Schwäne, Nilgänse und Enten erwarten. Rechts von uns sehen wir die 226 Meter lange **Gülser Eisenbahnbrücke 9,** die 1878 fertiggestellt wurde und auf der Bahn-Mosel-Strecke von Trier nach Koblenz liegt. Diese Brücke kann man als Radfahrer und Fußgänger nutzen, um in den Stadtteil Moselweiß zu gelangen. Bevor wir aber unseren Spaziergang durch drei Stadtteile beenden, kehren wir noch einmal in den Winzerort zurück und genießen in einer der Gülser Winzerwirtschaften ein gutes Glas Wein und eine leckere Brotzeit.

Blick auf Güls

7 ARZHEIM UND HORCHHEIMER HÖHE

Start/Ziel: Bückerplatz, 56077 Koblenz (GPS: 50.35972, 7.61081)
Länge: ca. 13,5 Kilometer
Dauer: ca. 4,5 Stunden
ÖPNV: : Haltestelle Kapuzinerplatz/Fähre, Bus 9, 10, 19, anschließend zu Fuß zum Bückerplatz
Parken: Parkdeck Ehrenbreitstein, Kapuzinerplatz, 56077 Koblenz

Unterwegs entdeckt:

1 Bückerplatz
2 Klausenbergkapelle
3 Kapelle Zur Mutter der schönen Liebe
4 Pfarrkirche St. Aldegundis
5 Bouleplatz
6 Wintersborner Bachtal
7 Naturschutzgebiet Schmidtenhöhe
8 Napoleonshöhe
9 Blindtal

Essen + Trinken:

Auf unserem Weg können wir sowohl Picknick machen als auch in zwei Lokale einkehren:
Asia Restaurant Goldene Ente (Forststraße 32, 56077 Koblenz, Tel. 02 61/97 34 28 55, www.goldene-ente-koblenz.de) und **Landgasthof Korns Mühle** (Mühlental 84, 56077 Koblenz, Tel. 02 61/94 10 69 89, www.landgasthofkornsmuehle.de).

Hinauf zu Koniks und Taurusrindern

Eingebettet zwischen Mühlenbach im Norden und Griesentalbach im Süden liegt der kleine Stadtteil Arzheim. Grabfunde in der Gemarkung Arzheim belegen, dass dieses Ortsgebiet bereits in spätkeltischer und frührömischer Zeit besiedelt war. Über die Jahrhunderte hinweg hat sich Arzheim, früher auch Artzhym oder Arzem, seinen dörflichen Charakter bewahrt und ist eine beliebte Wohngegend. Das angrenzende Naturschutzgebiet auf der Horchheimer Höhe hat die Wohnqualität weiter gesteigert. Der Spaziergang sollte an einem Wochenende unternommen werden, da wochentags der Zugang zum Standortübungsplatz nicht möglich ist.

Unsere Tour starten wir am **Bückerplatz** 1 im Stadtteil Ehrenbreitstein. Hier beginnt auch der Klausenbergweg, dem wir hinauf nach Arzheim folgen. Schon nach wenigen Metern sehen wir die im 19. Jahrhundert erbaute **Klausenbergkapelle 2,** die aus zwei kleinen Gebäuden besteht. An der Seitenwand des rechten Hauses erinnert eine Gedenktafel an den kurtrierischen Leutnant Freiherr Arnold von Solemacher sowie seine 15 kurtrierischen Jäger, die hier in der Nähe während der Koalitionskriege 1795 schwer verwundet wurden und verstarben. Unter dem Türsturz des rundbogigen Eingangs ist eine weitere Gedenktafel für die Toten beider Weltkriege.

Warum Arzheim ein Höhenstadtteil ist, verstehen wir sofort beim Hinaufgehen des Klausenbergweges. Immer mal wieder gönnen wir uns dabei eine kleine Pause, auch um den nicht alltäglichen Blick auf die Stadt zu genießen.

Links unseres weiteren Weges liegt ziemlich versteckt die **Rheinburg.** Die in privatem Besitz befindliche burgenartige Villa war von 1827 bis 1833 Teil der Ehrenbreitsteiner Stadtbefestigung und gehörte zum System Niederehrenbreitstein der preußischen Festung Koblenz. Die Rheinburg steht unter Denkmalschutz und ist Teil des UNESCO-Welterbes Oberes Mittelrheintal.

Etwas außer Puste sind wir oben angekommen und sehen das Ortseingangsschild von Arzheim. Wer mag, kann

Kapelle Zur Mutter der schönen Liebe

zunächst noch einmal nach links in die Brentanostraße gehen, denn dort am Sportplatz befindet sich ein kleiner, unscheinbarer, teils mit Grün bewachsener Rest der **Arzheimer Schanze.** Diese gehörte ebenfalls zum System Niederehrenbreitstein der preußischen Festung Koblenz und wurde 1920/21 im Zuge der Schleifung zerstört. Die Arzheimer Schanze ist heute eine Grünlandfläche mit Fett- und Streuobstwiesen, vielen verschiedenen Pflanzen- und Vogelarten. In den Abendstunden kann man hier den Flug der Fledermäuse beobachten. Diese Naherholungsoase, die gerne für einen Spaziergang oder zum Joggen genutzt wird, erreicht man über einen kleinen Weg, der von der Hauptverkehrsstraße An der Arzheimer Schanze links abgeht.

Über genau diese Hauptstraße, die später Kreisstraße heißt, gehen wir in Richtung des Ortes. Nach dem letzten Haus auf der rechten Straßenseite können wir über eine große, noch unbebaute Freifläche zum **Stadtteil Asterstein** schauen. Am Ende der Straße befindet sich die **Kapelle Zur Mutter der schönen Liebe 3.** Erstmals wurde wohl hier im Jahr 1547 eine Kapelle errichtet. Diese zerstörten 1796 französische Truppen im Zuge der Belagerung der Festung Ehrenbreitstein. Im Innern der 1846 eingeweihten Kapelle gibt es nur wenige Bänke. Wir sehen den Altar und darüber ein Fresko des bekannten Malers Franz Ittenbach. Auf einer Steintafel wird an die im Ersten Weltkrieg gefallenen Mitglieder des Männergesangsvereins Eintracht Arzheim erinnert. Die Kapelle ist heute eine Kriegergedächtnisstätte für die Gefallenen des Ersten und Zweiten Weltkrieges.

Arzheimer

GESCHICHTEN

Um die kleine Kapelle in Arzheim rankt sich eine wundersame Sage, an die sich am ehesten noch die älteren Einwohner des Ortes erinnern und die von Gregor Gerlach in der „Heimatkunde von Arzheim" Mitte der 1970er-Jahre beschrieben wurde. Es war wohl im Jahr 1547, als eine Dame aus gutem Hause und ihre sechsjährige Tochter bei einem Spaziergang, beide weilten auf dem Müllenbacher Hof, von einem heftigen Unwetter überrascht wurden. Die entstandenen starken Sturzbäche rissen das Kind mit. Die Mutter sprang hinterher in der Hoffnung, das Kind retten

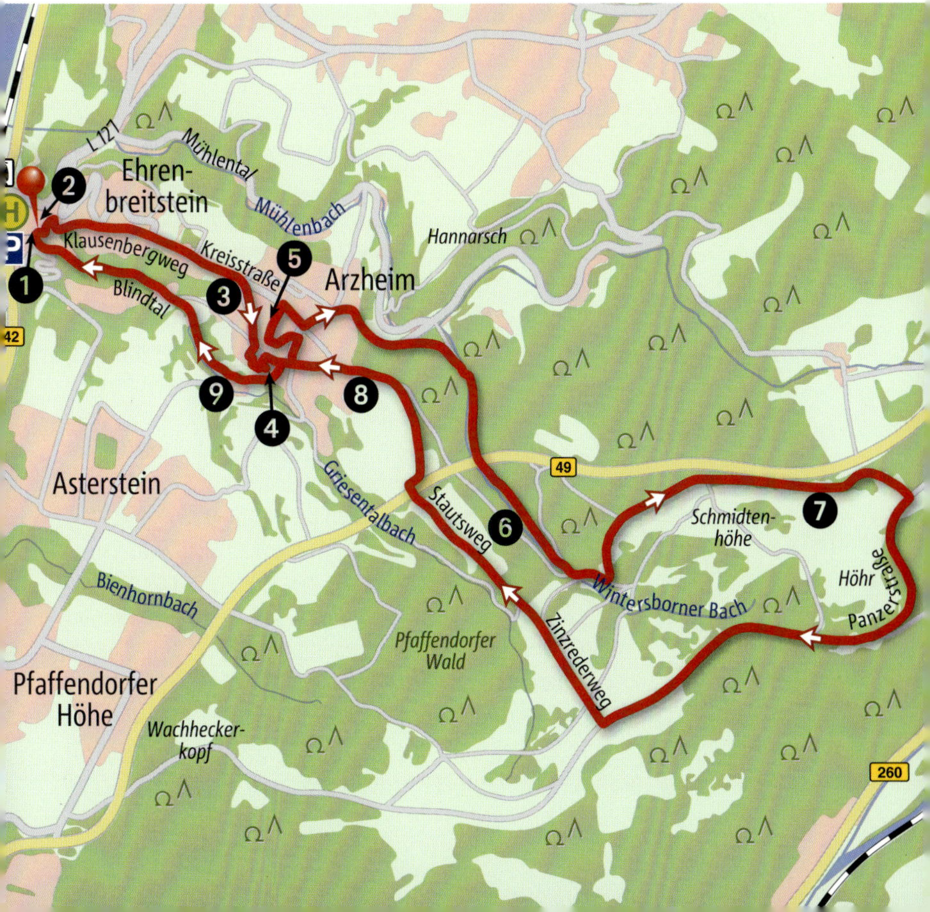

zu können. Sie schaffte es nicht und konnte selbst erst drei Tage später aus den Fluten gerettet werden. Den Rettern erzählte sie, was ihrem Kind zugestoßen war. Daraufhin machten sich die Bewohner der umliegenden Dörfer auf die Suche nach dem Mädchen. An der Mündung des Blindbaches vernahmen sie plötzlich ein leises Stimmchen. Es stellte sich heraus, dass das Kind die Tochter der geretteten Dame war. Das Kind erzählte seine erlebte Geschichte. Es sei eingeschlafen und in einem Bett wieder erwacht. Die Mutter saß neben ihm, eine weiße Kuh melkend. Dann sei es wieder eingeschlafen und als es wieder erwachte, war die Mutter nicht mehr da. Das Mädchen wurde zu seiner Mutter gebracht. Diese ließ aus Dankbarkeit an die Retter und aufgrund ihres Glaubens die Kapelle errichten.

Wir gehen weiter durch die Unterdorfstraße mit neuen wie auch älteren Ein- und Mehrfamilienhäusern. Nach der ersten Kurve biegen wir rechts ab und gelangen über den sehr gepflegten Friedhof mit Einsegnungshalle zum Westportal der katholischen **Pfarrkirche St. Aldegundis 4.** Auf dem Kirchvorplatz steht eine Steinfigur, die Maria mit dem Kinde symbolisiert. Sie wurde vom Erzbischof von Trier, Kurfürst Johann VIII. Hugo von Orsbeck gestiftet. Diese Figur war ursprünglich für das Westtor der Festung Ehrenbreitstein bestimmt. Sie kam aber 1736 in den Garten des Kapuzinerklosters in Ehrenbreitstein. Erst seit dem 19. Jahrhundert steht sie vor der Kirche in Arzheim.

Maria mit dem Kinde

Lassen wir den steinsichtigen Kirchenbau, der nur an der Südseite im neuen Chor betonsichtig ist, ruhig einmal auf uns wirken. Die neugotische dreischiffige Hallenkirche mit den Seitenchören ist allein aufgrund ihrer Größe beeindruckend. Anfangs befand sich an diesem Platz nur eine Kirche aus Holz. Um 1000 errichteten die Arzheimer eine steinerne Kirche, deren Turm erhalten blieb und heute mit drei Glocken ausgestattet ist. Der heutige Kirchenbau entstand in der Mitte des 15. Jahrhunderts und wurde nach Plänen des Architekten Josef Kleesattel um 1900 umgebaut. Leider kann die Kirche nur selten besichtigt werden. Sollte diese offen sein, gehen wir unbedingt hinein. Der modern gestaltete und mit Blumen geschmückte Opferaltar und das Taufbecken mit dem dahinterliegenden Flügelaltar mit der heiligen Aldegundis, die als Äbtissin dargestellt ist, lohnen den Besuch.

Im Untergeschoss der Kirche sind Räume für Begegnungen und Feierlichkeiten.

Von der Kirche aus führt unser Spaziergang noch kurz über die Unterdorfstraße, die in den ehemaligen **Dorfplatz,** den historischen Teil von Arzheim, mündet. Wir können das gut an einigen noch erhaltenen älteren Häusern festmachen. Eines fällt direkt durch die Bank vorm Haus, das Spinnrad und die liebvolle Dekoration auf. Darunter sind auch Schafe, denn in dem Haus befindet sich ein Wolllädchen.

Den ältesten Platz im Dorf nennen die Arzheimer auch **Spillesje.** Jedes Jahr wird hier der Kirmesbaum aufgestellt. Eine Tafel informiert über das einstige Zentrum des Dorflebens. Das findet heute unter anderem am **Schulplatz** statt, den wir über die Hinterdorfstraße als Nächstes erreichen. An

Schulplatz

Bücherschrank am Schulplatz

diesem teils begrünten, teils gepflasterten Platz mit Brunnen, Bänken und einem offenen Bücherschrank treffen sich die Arzheimer gerne, um gemeinsam zu feiern. Hier weist uns eine Infotafel auf die Geschichte der alten Schulen in Arzheim hin.

Gemeinsam in ARZHEIM

Der Stadtteil Arzheim hat 23 aktive Vereine und damit im Vergleich zu den anderen Koblenzer Stadtteilen die meisten aktiven: vom Angelsport über Fußball- und Turnverein, Radclub, Kirmesgesellschaft, Fördervereine, Laienspieler, Gesangsverein, Möhnenclub und Spielmannszug. Unter dem Motto „Arzheim für Arzheimer" engagiert sich der 2008 gegründete Dorfverschönerungsverein für zahlreiche große und kleine Projekte, die den beschaulichen Ort noch lebens- und liebenswerter machen. So sind beispielsweise die Infotafeln, aus denen wir mehr zur Geschichte von Arzheim erfahren, auf dessen Initiative hin gestaltet und aufgestellt worden.

Ein kleiner Umweg gefällig, um den Arzheimer **Bouleplatz** **5** kennenzulernen? Dann gehen wir gegenüber vom Blumengeschäft links ins Heugericht und folgen der Straße, die in den Weg An der Lehmkaul mündet. Seit knapp zehn Jahren kann man hier also die Kugel werfen. Übrigens ist der Platz eines der Projekte des Dorfverschönerungsvereins, ebenso wie das an diesem Weg aufgestellte, große Insektenhotel, natürlich selbstgebaut.

Am neuen **Gerätehaus der Freiwilligen Feuerwehr Arzheim** gehen wir nach rechts über die Kreisstraße zurück bis zur Hinterdorfstraße, in die wir nach links abbiegen. Lust auf eine knackige Nussecke, ein saftiges Kuchenteilchen oder ein vollmundiges Roggenbrötchen als kleine Stärkung für zwischendurch? Dann hinein in die familiengeführte **Bäckerei Gassen,** in der es eine große Auswahl schmackhafter Backwaren gibt.

Wir folgen der Hinterdorfstraße bis zum Ortsausgang in Richtung Mühlental. Der Koblenzer Graffitikünstler Daniel Schmitz hat auf Initiative des Dorfverschönerungsvereins hier eine etwa 30 Meter lange und 3 Meter hohe Mauer farbenfroh und mit viel Liebe zum Detail gestaltet. Das **Graffitikunstwerk**

Bouleplatz

Waldlehrpfad

besteht aus dem Emblem des Dorfverschönerungsvereins einschließlich Wappen von Arzheim, dem Ortsnamen sowie Bildern, die auf das Leben im Höhenstadtteil hinweisen: eine fliegende Biene für den Bienenzüchterverein oder Wald und Berge für die Lage des Ortes. Zu sehen ist auch das Logo der Friedenskinder e.V., einem Verein mit Sitz in Arzheim, der sich für das Wohl von Kindern in Deutschland, Afrika und Asien engagiert.

Wir gehen noch ein kurzes Stück die Straße in Richtung Mühlental weiter. Dann führt uns rechts der Kuckucksweg durch den Wald zum Parkplatz der **Grillhütte Arzheim.** Wir überqueren den kleinen **Wintersborner Bach.** Dann folgen wir im **Wintersborner Bachtal** 6 einem Teil des **Waldlehrpfades,** der unter den beeindruckend hohen Pfeilern der Bundesstraße B 49 hindurchführt. Diesen Weg entlang des Baches können wir entspannt gehen, obwohl er stetig bergan führt.

Die gut ausgestattete Grillhütte kann für Feiern angemietet werden.

Wandern in und

UM ARZHEIM

In Arzheim gibt es vier Rundwanderwege mit Strecken zwischen 4,4 und 16,7 Kilometern. Als Start und Ziel kann man immer den kostenfreien Parkplatz In der Strenge/Hinterdorfstraße wählen oder mit der Buslinie 10 an dieser Haltestelle aussteigen. Die aufgestellte Beschilderung entlang der Wege bietet gute Orientierung. Zusätzlich zu den vier Rundwanderwegen gibt es einen etwa 6 Kilometer langen Waldlehrpfad mit 18 Tafeln und über 90 Bildern, die den heimischen Wald, dessen Erholungswert, aber auch Ursachen des Waldsterbens erklären. Die Wege sind auch für Wanderungen mit Kindern geeignet. Auch das Naturschutzgebiet Schmidtenhöhe lässt sich über zwei Rundwanderwege mit 6 Aussichtstürmen erkunden. 16 Informationstafeln bieten einen Überblick über die Tiere und Pflanzen in diesem Gebiet. Der NABU Rheinland-Pfalz bietet thematische Führungen an.

7 ARZHEIM UND HORCHHEIMER HÖHE

Der Waldweg geht in einen geteerten Weg über, der uns – nun etwas steiler – hinauf zum **Naturschutzgebiet Schmidtenhöhe 7** führt. Wir gehen zunächst entlang des Weidezaunes. Mit etwas Aufmerksamkeit können wir in den wärmeren Monaten seltene Orchideen entdecken. Etwas abseits des Weges gibt es in den bunten Blumenwiesen kleinere Schlamm- und Wasserlöcher, entstanden aus alten Panzerspuren. Darin lassen sich Frösche, Unken und Molche beobachten. Ein halbhohes Törchen mit einem Hinweisschild macht uns aufmerksam, dass wir jetzt die halboffene Weidelandschaft und damit den Lebensraum wilder Konik-Pferde und Taurusrinder betreten. Für Hunde ist dieser Abschnitt nicht zugänglich. Am Aussichtsturm bzw. an dem kleinen Rastplatz mit Bänken und Tischen machen wir eine Pause und nehmen uns Zeit, die Natur zu beobachten. Wenn wir Glück haben, können wir die Rinder und Pferde sogar ziemlich nah erleben.

Taurusrinder

Wieder durch ein halbhohes Törchen verlassen wir das Weidegelände. Nach rechts folgen wir einer breiten geteerten Straße, der Panzerstraße. Die Schmidtenhöhe ist immer noch Standortübungsplatz der Bundeswehr. Allerdings wurden Teile davon zum Naturreservat umgestaltet – ein Eldorado für Flora und Fauna. Das ganze Gebiet gehört zum Koblenzer Stadtteil Horchheimer Höhe, in dem sich noch die Gneisenau-Kaserne und die Innere Führung der Bundeswehr befinden. Auf den Wiesen links und rechts der Panzerstraße können wir vielleicht noch einmal die Tiere sehen, bevor wir dann nach der Schranke rechts über den geteerten **Zinzrederweg** wieder Richtung Arzheim gehen. Warnschilder weisen uns auf militärische Übungsplätze auf den großen Wiesen hin.

Aussichtspunkt Schmidtenhöhe

Auf dem Steinerkopf

Der Weg ist ziemlich lang und gerade und führt uns nach den Wiesen in ein kurzes Waldstück. Danach haben wir einen schönen Ausblick sowohl auf die Stadt als auch in die Ferne. Ein Holzschild macht uns mit einer alten Flur- bzw. Wegebezeichnung darauf aufmerksam, dass wir am **Galgenkopf** sind. Nach der Brücke über die Bundesstraße B 49 halten wir uns rechts. Wieder haben wir einen ganz besonderen Blick auf die Stadt, auf die Festung Ehrenbreitstein und die angrenzenden Mittelgebirge Hunsrück, Westerwald und Eifel. Wir kommen als Nächstes an der **Staudt'schen Wiese** mit Grill- und Spielplatz vorbei. Der befestigte Sandweg am Waldrand lässt sich gut gehen. Immer wenn wir unseren Blick nach links wenden, können wir weitere sehr schöne Fernblicke genießen.

Auf dem **Steinerkopf** angekommen, bietet sich eine längere Pause im asiatischen **Restaurant Goldene Ente** an, in den Sommermonaten sogar in einem kleinen Biergarten. Das Restaurant befindet sich zusammen mit einer modernen **Turniersporthalle des TV Arzheim 1889 e.V.** in dem 2011 errichteten Gebäude direkt an einem unbefestigten Parkplatz, den wir überqueren.

Ab jetzt gehen wir nur noch bergab, zunächst vorbei an einem schmuck restaurierten Forsthaus und dann an einem kleinen grünen Hügel mit Sitzgruppe. Das ist die **Napoleons-**

höhe 8. An diesem Platz, auch „Lexe-pol" genannt, wurde wohl der Arzheimer Bevölkerung während der französischen Besatzungszeit um 1812 der „Code Napoleon", das napoleonische Gesetz verkündet.

Zu dieser Sitzgruppe hinauf oder doch eher auf die kleine hübsche Bank gegenüber? Der Rundblick über die Stadt, die Eifel und das Neuwieder Becker ist gigantisch, selbst wenn wir nur auf der wenig befahrenen Straße stehenbleiben.

Steil bergab und zwar mit 40 Metern Höhenunterschied gelangen wir über die Forststraße zurück in den Ort. An der Haltestelle Am Spillesje könnten wir den Bus zurück zu unserem Ausgangspunkt nehmen. Wer noch weiterlaufen möchte, geht wieder in Richtung Kirche und dann links ins verwunschene, bewohnte **Blindtal 9** immer am Griesentalbach entlang nach Ehrenbreitstein zurück.

Kurz vor dem Ziel kommen wir an eine besonders enge Stelle der Straße. Linkerhand ist eine vorstehende rote Ziegelmauer. Das sind Reste der ehemaligen Ortsumschließung von Ehrenbreitstein, die 1832 gebaut und 1956 abgerissen wurde. Hier befand sich auch die Sabelsmühle. Wir gehen noch ein paar Schritte und sind wieder am **Bückerplatz,** wo wir unseren Spaziergang beenden.

Blick von der Napoleonshöhe

8 PFAFFENDORF UND ASTERSTEIN

Start/Ziel: Pfaffendorfer Brücke, Emser Straße, 56076 Koblenz (GPS: 50.35214, 7.60720)
Länge: ca. 9,5 Kilometer
Dauer: ca. 3,5 Stunden
ÖPNV: Haltestelle Seifenbachstraße, Bus 6
Parken: in der Emser Straße

Unterwegs entdeckt:

1 Pfaffendorfer Brücke
2 Schiffsanlegestelle der Personenschifffahrt Merkelbach
3 Grundschule Pfaffendorf
4 Wahrschauhäuschen
5 Kloster Bethlehem
6 Bienhorntal
7 Pfarrkirche Maria Himmelfahrt
8 Fort Asterstein
9 Teufelstreppe

Essen + Trinken:

Auf den Bänken am Leinpfad oder an der Schutzhütte im Bienhorntal lässt es sich prima picknicken. Doch auch gute Einkehrmöglichkeiten liegen auf der Strecke.

Zwei besondere Tipps: Am Anfang von Pfaffendorf befindet sich die **Pizzeria La Piazza** (Emser Straße 49, 56076 Koblenz, Tel. 02 61/1 33 89 76, www.pizzeria-la-piazza.net). Gut bürgerliche Kost mit herrlichem Ausblick gibt es im **Hotel Rheinkrone** (Rudolf-Breitscheid-Straße 23, 56077 Koblenz, Tel. 02 61/9 73 08 03, www.rheinkrone-koblenz.de).

Am und oberhalb des Rheins

Der Stadtteil Pfaffendorf liegt an einem schmalen Uferstreifen auf der Sonnenseite des Rheins. Schon in der Bronzezeit siedelten hier Menschen, denn das Leben so unmittelbar am Wasser war schon immer reizvoll. Urkundlich wird Pfaffendorf erstmals zu Beginn des 11. Jahrhunderts erwähnt. Vorbeifahrende Schiffe gaben dem Koblenzer Stadtteil den Namen „Rheinisches Nizza" – Grund dafür sind die terrassenförmige Lage, die Sonnenstunden bis weit in den Abend und der Weinanbau. Auf diesen Stadtteil hinabblicken kann man von einem besonderen Aussichtspunkt auf dem Glockenberg, den wir bergan durch viel Grün erreichen.

Wir beginnen unseren Stadtspaziergang mit einem Blick von der Emser Straße auf die **Pfaffendorfer Brücke 1**. Die älteste Koblenzer Brücke über den Rhein verbindet die Innenstadt mit den Stadtteilen Ehrenbreitstein und Pfaffendorf. Fertiggestellt wurde sie 1953. Danach gehen wir die Emser Straße entlang und biegen am Jahnplatz rechts ab. Wir wollen ja ans Rheinufer.

Pfaffendorfer BRÜCKE

Bereits 1864 stand an der Stelle der heutigen Brücke die erste Rheinbrücke, zunächst nur für den Eisenbahnverkehr. Nach dem Umbau wurde die Brücke dann ab 1934 als Straßenbrücke genutzt. Nach der Kriegszerstörung 1945 begann man mit der Errichtung des heutigen Brückenbauwerks. Dass die Brücke inzwischen „in die Jahre gekommen ist", wie man so schön sagt, sieht man ihr deutlich an. Daher wird die Pfaffendorfer Brücke ab 2023 neu gebaut. Es handelt sich dabei um eines der größten Infrastrukturprojekte in Rheinland-Pfalz und um das größte Bauprojekt in der jüngeren Koblenzer Geschichte. Für dieses Projekt sind fünf Jahre eingeplant.

8 PFAFFENDORF UND ASTERSTEIN

Blick vom Leinpfad auf den Rhein

Abendstimmung am Leinpfad

Unser weiterer Weg führt uns auf dem mit vielen Bänken versehenen **Leinpfad** – übrigens zu jeder Jahreszeit ein Genuss – am Ufer entlang flussaufwärts, vorbei an repräsentativen Villen und stylischen Wohnanlagen. Wer hier wohnt, hat einen fantastischen Blick auf und über den Rhein. Dass die Koblenzer diese Uferseite als „Schäl Sick" bezeichnen, also als scheele/falsche Seite, kann man nicht wirklich verstehen.

Nach etwa einem halben Kilometer kommen wir zur **Schiffsanlegestelle der Personenschifffahrt Merkelbach 2.** Je nach Tages- und Uhrzeit schaukelt das moderne weiße Fahrgastschiff „Deutsches Eck" gemächlich am Anleger. Wer rheinaufwärts eine der schönsten Gegenden am Mittelrhein

8 PFAFFENDORF UND ASTERSTEIN

Pfaffendorfer Brücke

Fahrgastschiff

vom Wasser aus entdecken oder ein besonderes Event auf dem Wasser erleben möchte, sollte unbedingt einmal an Bord eines der Schiffe gehen.

Jetzt verlassen wir den Leinpfad und gehen durch die Fährgasse, die direkt in die **Emser Straße** mündet. Wir biegen rechts ab und laufen entlang der engen, viel befahrenen Straße. Große blockartige **Backsteinbauten aus dem 19. Jahrhundert** mit neugotischen Motiven oder Krüppelwalmdächern gibt es hier zu bestaunen. Dazwischen fällt ein im Kern **romanischer Wohnturm** ins Auge, dessen Mauerwerk aus dem 12. oder 13. Jahrhundert stammt. Ja, man wusste auch früher schon, wo es sich gut leben und wohnen lässt. Auch die **Grundschule von Pfaffendorf** 3 in der Emser Straße 125 befindet sich in einem kastenartigen Backsteinbau über hohem Sockelgeschoss, der wohl von Ende des 19. Jahrhunderts stammt. Neben der Schule ist ein öffentlicher Spielplatz. Wir gehen einmal über diesen Spielplatz hinter das beeindruckende Gebäude und sind überrascht: Dieser Ausblick ist noch einmal bewundernswert. Links sehen wir die Horchheimer Eisenbahnbrücke und Südbrücke. Gegenüber befindet sich der Stadtteil Oberwerth, errichtet auf einer ehemaligen Insel am westlichen Rheinufer. Und wenn wir mit unserem Blick den verkehrsreichsten Fluss der Welt auf seinem Weg zur Pfaffendorfer Brücke begleiten, entdecken wir auch die Kaiserin-Augusta-Anlagen, das Weindorf, die Rhein-Mosel-Halle und einiges mehr.

Wir gehen jetzt die Emser Straße noch ein Stück weiter und sehen auf einer Freifläche ein **Weinfass** und eine **Weinkelter** aus dem 19. Jahrhundert. Sie erinnern daran, dass Pfaffendorf einst ein Weinort war. Beides wurde vom Wagner in Ehrenbreitstein gestiftet. Der Anbau von Wein in den terrassenförmigen Berghängen begann bereits im 10. Jahrhundert und endete in den 1950er-Jahren. Heute gibt es tatsächlich wieder Weinstöcke, die man selbst in schmalen Vorgärten findet. Nach dem Vorbild der Kölner Stadtwinzer entstand das Projekt „Pfaffendorfer Winzer" im Verschönerungsverein Pfaffendorf VVV 1879 e.V. Hauseigentümer und Gartenbesitzer pflanzten die weiße fruchtige Rebsorte Johanniter mit dem Ziel, die Trauben zu lesen und gemeinsam einen Pfaffendorfer Wein zu kreieren.

Weinfass

Folgen wir der Emser Straße weiter, gelangen wir nach etwa einem halben Kilometer zu einem kleinen Backsteinhäuschen, dem **Wahrschauhäuschen 4.** Dieser eingeschossige quadratische Bau war der Dienstsitz eines Wahrschauers und erfüllte von 1907 bis 1947 die Funktion einer Signalstelle für die etwa 2 Kilometer rheinabwärts befindliche Schiffbrücke. Flussabwärts fahrenden Schiffen wurde durch den Wahrschauer mittels Flagge angezeigt, ob die Schiffbrücke offen oder geschlossen ist. So konnten die Schiffe entweder weiterfahren oder rechtzeitig zum Halt kommen.

„Wahrschauen", ein Ausdruck aus dem Niederdeutschen, bedeutet „warnen" und wird in der Schifffahrt, besonders in der Binnenschifffahrt, immer noch genutzt. Am Wahrschauhäuschen, zu dem man übrigens keinen Zutritt hat, befinden sich rechts Hochwassermarken.

Noch ein letzter Blick auf den Rhein, dann wechseln wir die Straßenseite und gehen die Emser Straße zurück bis zur Straße Am Heiligenhäuschen. Jetzt müssen wir aufpassen, damit wir am Eckhaus die **Eifeler Madonna** nicht übersehen. Diese stammt aus der Glockengießerei Mark in Brockscheid. Weiter geradeaus kommen wir zur Seizstraße, in die wir rechts abbiegen. Doch halt: Wer geräucherte Knacker oder feinste Fleischwurst mag, sollte zuvor einen kleinen Abstecher in die nahe **Metzgerei Dirk Schmidt** machen. Schon in siebter Generation werden hier hausgemachte Wurstwaren und regionales Fleisch aus eigener Schlachtung in erstklassiger Qualität angeboten.

Wahrschauhäuschen

Nun führt unser Weg stetig bergan durch die Seizstraße, an deren Ende wir die Ravensteynstraße queren, um durch die zunächst recht schmale, später breiter werdende Diethardstraße weiter bergan bis zur Hermannstraße zu gelangen. In diese biegen wir links ein. Das **Kloster Bethlehem 5** liegt vor uns. Seit 1904 leben hier die „Klarissen-Kapuzinerinnen von der Ewigen Anbetung". Zur **Klosterkirche Herz-Jesu** hat man freien Zutritt. Das Kloster Bethlehem ist ein geschütztes Kulturdenkmal. Seit 2002 gehört es zum UNESCO-Welterbe Oberes Mittelrheintal, ebenso wie das **Haus Cuno,** etwa

Klosterkirche Bethlehem

300 Meter weiter, am Ende der Herrmannstraße. Die burgartige Villa ließ der Geheime Baurat Herrmann Cuno 1893 errichten. Über dem Haupteingang der Villa sind die Wappen von Koblenz und Pfaffendorf angebracht. Direkt links neben dem imposanten Gebäude steht die im Mittelalter errichtete, im Kern spätgotische **Wendelinuskapelle.**

Haus Cuno

Unser Weg führt uns noch ein Stück die Straße weiter, die jetzt Wendelinusstraße heißt. Dann biegen wir rechts ab in Richtung des schluchtenartigen romantischen **Bienhorntals 6.** Ein gut ausgeschilderter Wanderweg führt uns in den Stadtteil Asterstein. Nach wenigen Metern kommen wir an einem **Waldspielplatz** mit Schutzhütte und am **Walter-von-der-Vogelweide-Brunnen** vorbei. Das sprudelnde Quellwasser bietet eine herrlich kühle Erfrischung für Hände und Füße, bevor es auf dem leicht begehbaren Weg hinaufgeht.

Pfarrkirche St. Peter und Paul

Nach einer Weile kommen wir an eine Weggabelung. Der Bienhornpfad geht weiter geradeaus. Doch wir verlassen diese grüne Oase über den nach links abzweigenden Weg und gehen in Richtung des Astersteiner Schulzentrums. Dort überqueren wir die Straße Auf der Fußsohl am besten über die Fußgängerbrücke. Dann gehen wir links in die Straße Lehrhohl. Unser nächstes Ziel ist die katholische **Pfarrkirche Maria Himmelfahrt 7,** die direkt an der Straße steht. Schon wieder eine Kirche – ja, aber eine mit einer ganz individuellen Architektur. Es handelt sich um einen geosteten Stahlbetonbau, errichtet auf dem Grundriss des Heiligen Rocks, mit segmentartigen Formen, Bögen und Schwingungen. Die farbigen Betonglasfenster zeigen die Mutter Maria, die ihr Kind vor dem siebenköpfigen Drachen beschützt. Im Nordwesten der Kirche befindet sich eine kleine freistehende sechseckige Taufkapelle. Nehmen wir uns die Zeit, diesen einzigartigen Bau zu besichtigen.

Ganz sicher haben wir jetzt noch Lust auf einen weiteren Abstecher! Daher gehen wir noch ein Stück die Straße Lehrhohl weiter und biegen dann links in die Straße Auf der Bienhornschanze ab. Wir kommen nach wenigen Metern an ein grünes Rondell, um das wir herumgehen können. Zu sehen gibt es nicht mehr viel, denn nur noch der Straßenname erinnert an die 1920 geschleifte Schanze, die zur preußischen Festung Koblenz gehörte. Die **Bienhornschanze** wurde 1859 im Südwesten des Forts Rheinhell im Grundriss einer stark abgestumpften Flesche errichtet. Das Werk war 109 Meter lang, hatte einen ca. 6 Meter tiefen Graben und eine ca. 8 Meter hohe Feuerlinie.

Wir nehmen denselben Weg zurück, biegen dann aber links in die Lindenallee ein. In der einstigen Geschäftsstraße des Stadtteils befindet sich neben modernisierten Einfamilienhäusern mit gepflegten Vorgärten auch die **Feuerwehr- und Katastrophenschutzschule des Landes Rheinland-Pfalz.** Zwischen dieser und dem Sportplatz SV Reinhards Elf führt uns ein schmaler Weg zum **Fort Asterstein 8**, einem ehemaligen Teil der preußischen Festung Koblenz.

Festungspark

Die 1828 vollendete Anlage verdankt ihren Namen dem preußischen General und Baumeister Ernst Ludwig von Aster. Der heute noch erhaltene, jedoch zunehmend verfallende Verteidigungsbau kann nicht besichtigt werden. Aber über eine kleine Tafel in dem sehr schön angelegten Festungspark erhält man zumindest einen Eindruck von dieser einstigen Festungsanlage, die Teil des UNESCO-Welterbes Oberes Mittelrheintals ist. Durch den Festungspark spazieren wir zum **Denkmal für die Gefallenen des Feldzuges von 1866** auf dem Glockenberg. Der Obelisk wurde im Gedenken an die Gefallenen im Österreich-Preußischen Krieg errichtet.

Teufelstreppe

Wer meint, die Ausblicke auf diesem Weg seien schon fantastisch, wird am **Hotel Rheinkrone** beim Blick auf die Stadt, die Flüsse und die angrenzenden Mittelgebirge Westerwald, Eifel und Hunsrück wahrlich sprachlos. Wir setzen uns hier einfach auf eine der Bänke und genießen das Panorama.

Ausgeruht und ein wenig berauscht von dieser Aussicht geht es über die **Teufelstreppe 9** wieder Richtung Stadt. Die im Sommer 2014 wiederhergerichtete Treppe war ursprünglich eine geschützte Verbindung zwischen dem 1822 gebauten Werk Glockenberg und der 1858 installierten Befestigung, dem Horchheimer Tor. Nach 224 Stufen geht man links auf einem Spazierweg entlang der Bundesstraße B 42, die man dann über eine Fußgängerbrücke überquert.

Das letzte Stück unseres Spaziergangs führt über den alten **Friedhof in Pfaffendorf** zur katholischen **Pfarrkirche St. Peter und Paul** in der Ritterstraße. Diese beeindruckende, neugotische, dreischiffige Basilika mit dem mächtigen viergeschossigen Westturm wurde 1903 vollendet. Der Bau geht bis ins 14. Jahrhundert zurück.

Gegenüber der Kirche residiert in den schönen alten Jugendstilräumen einer ehemaligen Pfaffendorfer Metzgerei die Ateliergemeinschaft **Metzgalerie.** Ihr Anliegen ist es, außergewöhnliche Kunst zu fördern und talentierten, weniger bekannten Kunstschaffenden die Möglichkeit zu bieten, ihre Werke auszustellen. Nach einem Blick durch das große Schaufenster gehen wir die Emser Straße zum Ausgangspunkt zurück und schnuppern dabei noch ein wenig Pfaffendorfer Flair.

Blick auf Pfaffendorf

8 PFAFFENDORF UND ASTERSTEIN

Aussicht vom Hotel Rheinkrone

9 INNENSTADT BIS OBERWERTH

Start: Schängelbrunnen, Willi-Hörter-Platz 1, 56068 Koblenz (GPS: 50.36029, 7.59812)
Ziel: CGM Arena/Stadion Oberwerth, Jupp-Gauchel-Straße 10, 56075 Koblenz
Länge: ca. 8 Kilometer
Dauer: ca. 3 Stunden
ÖPNV: Haltestelle Zentralplatz, Bus 2/12, 3/13, 5/15, 6/16, 7, 9/19, 10; Rückkehr zum Ausgangspunkt: Haltestelle CGM Arena, Bus 3/13
Parken: Parkhaus Forum Mittelrhein, Zentralplatz 2, 56068 Koblenz

Unterwegs entdeckt:

1 Schängelbrunnen
2 Görresplatz
3 Zentralplatz
4 Saarplatz
5 Kurfürstliches Schloss
6 Kaiserin-Augusta-Denkmal
7 Schwanenteich
8 Rheinwiesen
9 Beamtensiedlung Oberwerth
10 Stadion Oberwerth

Essen + Trinken:
Die Tour führt durch die Altstadt und Innenstadt. Dort gibt es zahlreiche Restaurants, Cafés, Kneipen und Bäckereien.
Zwei besondere Tipps: In lockerer Atmosphäre genießt man kulinarische Köstlichkeiten mit einem guten Wein in der gemütlichen **Tapasbar El Castillo,** sogar mit Terrasse (Schloßstraße 51, 56068 Koblenz, Tel. 02 61/2 01 69 99).
Fern vom Tourismus kehrt man in den Kaiserin-Augusta-Anlagen in den **Biergarten Café Rheinanlagen** ein und genießt eine gemütliche Rast unter großen, Schatten spendenden Bäumen mit wunderbarem Ausblick über den Rhein (Kaiserin-Augusta-Anlagen 18, 56068 Koblenz, Tel. 02 61/92 39 90).

Die Lieblingsplätze der Koblenzer

Fragt man die Menschen in Koblenz nach ihrem Lieblingsplatz in der Stadt, erhält man darauf sofort eine Antwort. Und direkt auch die Begründung. Doch oft passiert es, dass auf diese Begründung ziemlich schnell ein großes Aber folgt, denn plötzlich fallen ihnen noch ein, zwei, drei oder gar mehrere ganz unterschiedliche Lieblingsplätze ein. Das ist auch nicht verwunderlich, denn die Stadt bietet so vieles: Lebensqualität, Kultur, Sehenswertes, Ausflugsziele, grüne Oasen und Urlaubsfeeling. Während dieses Spaziergangs entdecken wir einige dieser besonderen Lieblingsplätze und verstehen ganz sicher, warum …

Mit Schängel meint man heute einen kecken, witzigen Lausbuben.

Unseren Lieblingsplatz-Spaziergang beginnen wir an einer der bekanntesten Koblenzer Sehenswürdigkeiten und einem Wahrzeichen der Stadt, dem **Schängelbrunnen** 1 im Rathaushof. Auf einem aus Eifeler Basaltlava gefertigten Brunnenbecken, im Relief mit Jungenstreichen verziert, thront eine Bronzefigur in Gestalt eines Jungen. Vorsicht, in unregelmäßigen Abständen spuckt er einen Wasserstrahl mehrere Meter weit. Der Begriff Schängel hat seinen Ursprung in der 20-jährigen Zugehörigkeit der Stadt Koblenz zu Frankreich. Deutsch-französische Kinder, die zwischen 1794 und 1813 geboren wurden, hießen oft Jean. Für die Koblenzer Mundart war dies nur schwer auszusprechen und so wurde über die Jahre hinweg daraus „Schang“. Bei unserem Spaziergang durch die Stadt sollten wir mal auf die Kanaldeckel achten. Darauf ist hin und wieder auch der Schängel zu sehen.

Vom Brunnen aus gehen wir durch die Unterführung des Rathauses zum **Jesuitenplatz.** Dieser von schönen Bürgerhäusern, Türmen und Portalen umgebene Platz liegt mitten im Herzen der Koblenzer Altstadt. Er erhielt seinen Namen von der gleichnamigen Ordensgemeinschaft, die dort von 1580 bis 1773 wirkte. Hier befinden sich die **Citykirche** (früher: Jesuitenkirche) und seit 1895 das **Rathaus.** In der Mitte steht das **Denkmal von Johannes Müller,** einem der bedeutendsten Physiologen des 19. Jahrhunderts. Am Jesuitenplatz gibt es viele Restaurants und Cafés. Man kann meist überall draußen sitzen.

In der Citykirche kulturelle Veranstaltungen besuchen.

Hygieia

Neugierig auf die nächsten Lieblingsplätze, setzen wir unseren Spaziergang durch die Firmungsstraße fort. Wir kommen an kleinen Geschäften und Boutiquen vorbei, die in Häusern untergebracht sind, die im Kern noch aus der Barockzeit stammen. Jetzt sollten wir achtsam sein und nach oben schauen. Denn den Giebel eines der Häuser schmückt ein riesiger Frauenkopf. Es handelt sich um die **Hygieia,** die Göttin der Gesundheit. Diese Kostbarkeit wurde Anfang des 20. Jahrhunderts an dem Haus Nummer 11 angebracht, in dem sich damals Drogeriemarkt und Apotheke befanden.

Wir gelangen zum **Görresplatz 2,** in dessen Mitte ein Brunnen mit einer auffallend prächtigen Säule steht – die **Historiensäule.** Diese hat zehn aufeinandergesetzte dreidimensionale Reliefs, die die wechselvolle Geschichte der Stadt darstellen, beginnend mit der Zeit der Römer. Eine Legende am Brunnen gibt uns dazu die Erläuterungen. Der Platz, benannt nach dem in Koblenz geborenen Publizisten und Historiker Joseph Görres, ist umsäumt von Restaurants, Kneipen und Cafés und hat farbenfroh blühende Beete. An diesem Platz befand sich einst auch das Verlagshaus von Karl Baedecker, dem Begründer des Baedecker-Reiseführers.

Nach einer Runde um den Görresplatz gehen wir durch die Poststraße und biegen an deren Ende zu dem begrünten Duo **Clemensplatz** und **Reichenspergerplatz** ab. An Letzterem erinnert ein Mahnmal an die Opfer des Nationalsozialismus in Koblenz, das im August 2001 eingeweiht wurde. Direkt gegenüber steht das **Hauptgebäude des ehemaligen Oberpräsidiums der Rheinprovinz,** heute Sitz der Struktur- und Genehmigungsdirektion Nord und des Oberlandesgerichts Koblenz. Vom Reichenspergerplatz blickt man auf das Landeshauptarchiv Koblenz

Historiensäule

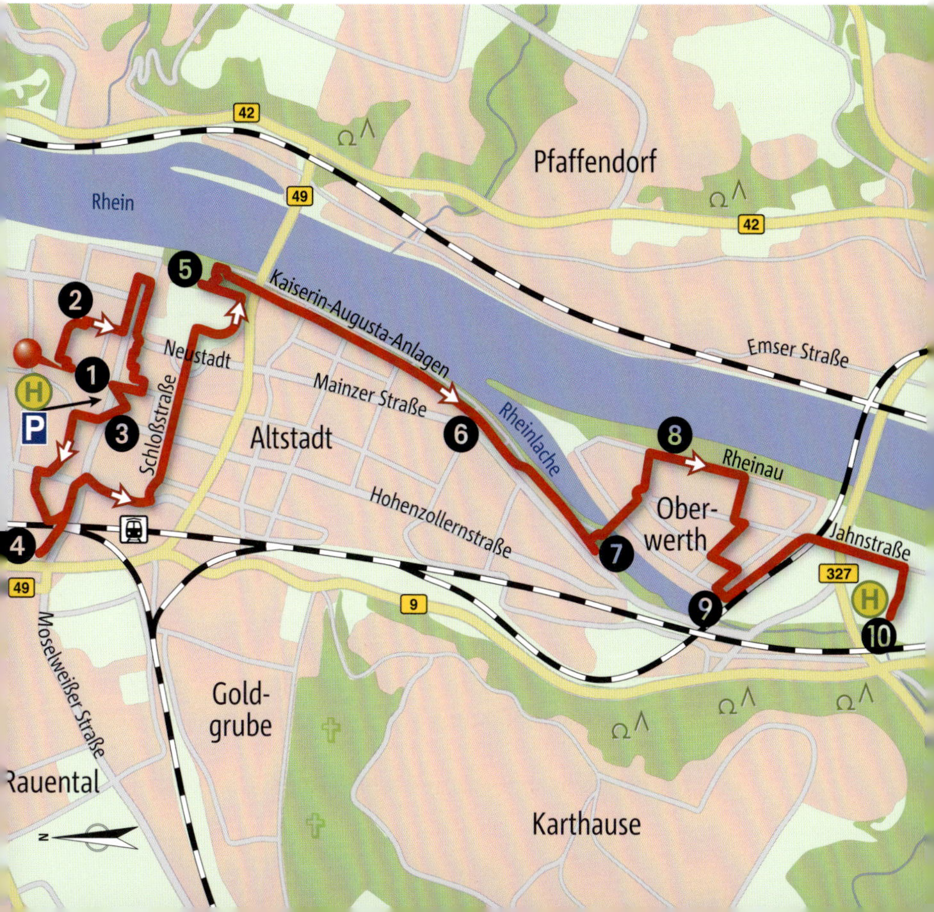

Sektmuseum

in der Karmeliterstraße mit seinem fensterlosen Magazinbau.

Wir wechseln die Straßenseite zum **Deinhardplatz** mit dem **Clemensbrunnen.** Ihn ziert ein 9 Meter hoher Obelisk, der an den Erbauer, Kurfürst und Erzbischof Clemens Wenzeslaus von Sachsen, erinnert. Es war der erste öffentliche Brunnen in Koblenz, der an die Wasserleitung aus Metternich angeschlossen war und das Kurfürstliche Schloss mit Wasser versorgte. An diesem Ort haben die Stadtbewohner gleich zwei Lieblingsplätze, das Theater Koblenz und das Koblenzer Sektmuseum. Das **Theater Koblenz** ist in dem einzigen erhaltenen klassizistischen Theaterbau am Mittelrhein untergebracht und das früheste erhaltene Beispiel eines Rangtheaters in Deutschland. Vor mehr als 200 Jahren fand hier die erste Premiere statt. Im **Koblenzer Sektmuseum** erfährt man Wissenswertes rund um den Weinbau wie auch zur Wein- und Sektherstellung. Das ehrenamtlich geführte Museum befindet sich tief unten in den Gewölben des Stammhauses der ehemaligen Sektkellerei Deinhard. Das ist das weiße Gebäude mit den vielen Fenstern und der Aufschrift „Stammhaus Deinhard seit 1794". Links daneben, das ockerfarbene Gebäude mit den vielen Fenstern ist, wie man lesen kann, das **Bankhaus Seligmann.** Es wurde 1811 in Koblenz gegründet und bestand bis 1932.

Führungen im Koblenzer Sektmuseum werden samstags und auf Anfrage angeboten.

Wir gehen durch die geöffnete Einfahrt des Deinhard-Stammhauses hinein und durch die schmale Deinhardpassage, vorbei am **Neuen Justizzentrum,** zur Casinostraße. Dort angekommen, wenden wir uns nach rechts, denn wir wollen als Nächstes zum **Zentralplatz 3.** Dieser Platz ist kein historischer Platz, sondern erst im Zuge des städtischen Wiederaufbaus entstanden.

Beim Betreten der Casinostraße sehen wir direkt das **Forum Mittelrhein.** Das moderne Shopping-Center wurde 2012 eröffnet. An dessen Ende biegen wir nach links ab und stehen vor dem **Forum Confluentes.** Was für ein Bau – hochmodern und architektonisch auffallend! Die Koblenzer diskutieren übrigens seit der Bundesgartenschau 2011 immer noch, ob das Gebäudeensemble am Zentralplatz gelungen ist oder nicht. Egal, denn im sechsstöckigen Forum Confluentes befinden sich neben einem Café und der Touristikinformation gleich drei Lieblingsplätze der Koblenzer: das **Mittelrhein-Museum,** die Stadtbibliothek Koblenz und das Romanticum. Das Mittelrhein-Museum beherbergt eine der ältesten öffentlichen Kunstsammlungen in Deutschland und bietet neben einer Dauerausstellung verschiedene Sonder- und Wechselausstellungen an. Ein Paradies für Leseratten und eine Schatzkammer für Wissensdurstige ist die **Stadtbibliothek Koblenz.** Und in der Erlebnisausstellung im **Romanticum** lassen sich Kultur und Natur des Mittelrheins interaktiv entdecken.

Stadtbibliothek

Von hier aus gehen wir durch die Görgenstraße zum Platz **Am Plan.** Ein wohl etwas ungewöhnlicher Name für einen Platz, der daher rührt, dass es sich um den ersten gepflasterten Platz in Koblenz handelt – „plan" eben. Dieser Platz wurde früher als Markt-, Turnier- und Veranstaltungsplatz genutzt, Letzteres bis heute. Wir sehen ein Gebäude mit einer Freitreppe, die **Stadtkommandantur,** zunächst Dienstsitz des kurtrierischen Festungskommandanten, später Rathaus. Über der erhöhten Eingangstür ist das Koblenzer Stadtwappen zu sehen. Daneben befindet sich das Gebäude der **alten städtischen Schule.** Im Bau mit den Bögen war bis 1973 die **Feuerwache** untergebracht. Eine Gedenktafel Am Plan 1 erinnert daran, dass hier am 3. Januar 1806 die Sopranistin Henriette Sontag geboren wurde. Der **Brunnen** mit dem steinernen Becken war seinerzeit an die kurfürstliche Wasserversorgung aus Metternich angeschlossen, sodass man aus dem zu einem Schwanenhals geformten Hahn Wasser trinken konnte.

Vier Türme

Wir verlassen den lebhaften Platz mit den vielen Restaurants, Kneipen und Cafés in Richtung der Denkmalzone **Vier Türme.** Der Name stammt von den prunkvoll verzierten historischen Häusern mit den kunstvollen Erkertürmen, die zum Teil Namen haben: Das **Haus Zum grünen Baum** bot Fußgängern eine Ausweichmöglichkeit vor der um die Ecke biegenden Straßenbahn. Ja, diese gab es bis 1967. Im **Haus Zu**

Sankt Petrus war eine Apotheke. In einem weiteren Haus befand sich bis 1848 die Koblenzer **Hauptwache.** Das vierte Haus ist unbenannt. Zwischen diesen Häusern treffen sich die vier **zentralen Altstadtstraßen:** Am Plan, Löhrstraße, Marktstraße und Altengraben. Übrigens, auch Goethe durchquerte schon diesen historischen Kreuzungsbereich.

Unser Spaziergang führt uns nun zu einem eher ungewöhnlichen Lieblingsplatz. Um dahin zu gelangen, gehen wir durch den Altengraben, überqueren die Hohenfelder Straße und gehen in die Weißer Gasse. Hier befand sich einst das Städtische Hallenbad. Nachdem es abgerissen wurde, entstand auf dem Gelände das moderne **Wohnquartier Weißer Höfe.** Ein Stück die Straße hinauf sehen wir rechts das **Portal des ehemaligen Dominikanerklosters.** Am Ende der Straße gehen wir links in die Fischelstraße, an deren Ende wir zum **Saarplatz 4** blicken können. Dass auch dies ein Koblenzer Lieblingsplatz ist, verwundert uns zunächst, denn diesem viel befahrenen Verkehrsknoten kann man auf den ersten Blick nicht wirklich viel abgewinnen. Aber auf den zweiten

Figurenbrunnen

Lange Tafel am Kurfürstlichen Schloss

Blick, wenn man einmal mit Ruhe sowohl Architektur als auch das Konzept der Verkehrsführung betrachtet. Der dreistöckige Saarplatz ist eine der größten Kreuzungen in der Stadt, zudem ein Kreisverkehr mit einer Autobrücke. Es gibt fünf Ein- wie Ausgänge aus unterschiedlichen Richtungen, aufgeteilt auf drei Ebenen, dazu Fahrrad- und Fußwege, alles ohne Ampelschaltung. Mittendrin gibt es dann noch eine Brücke, die über eine Verkehrsachse führt und sogar Kunst am Bau. Wer Zeit hat und sich nicht daran stört, dass dem Platz Farbe durchaus guttun würde, sollte einfach mal über den Saarplatz marschieren und das Ganze auf sich wirken lassen.

Kunst am Bau ist ein Kunstwerk, das dauerhaft innen oder außen an einem Bauwerk angebracht ist.

Wir kehren vom Saarplatz in Richtung Innenstadt zurück. An der großen Ampelkreuzung wechseln wir die Straßenseite und gehen durch die Hohenfelder Straße. Das große dunkle Gebäude mit den gelben Buchstaben **„Löhr-Center"** rechterhand ist eines der Einkaufszentren der Stadt. Geradeaus vor uns sehen wir die **Herz-Jesu-Kirche.**

Angekommen am **Löhrrondel** mit dem **Weinbergsbrunnen,** auch **Figurenbrunnen** genannt, werfen wir einen Blick auf die Shopping-Meile Löhrstraße, bevor wir durch die **Schloßstraße** bummeln, in der es zahlreiche Fachgeschäfte, Dienstleister und gastronomische Angebote gibt. In einem dieser Restaurants können wir jetzt eine Pause machen.

Im Schloss finden auch standesamtliche Trauungen statt.

Gestärkt setzen wir unseren Weg zum nächsten Lieblingsplatz fort. Das **Kurfürstliche Schloss 5** können wir schon am Ende der Straße erblicken. Hier, in einem der bedeutendsten Schlossbauten des französischen Frühklassizismus, residierten Fürsten und Könige, unter anderem der preußische Thronfolger und spätere Kaiser Wilhelm I. Wir kommen durch das geöffnete Tor auf den Schlossvorplatz mit den Innenhöfen der Zirkularbauten, der Langen Tafel, dem Spielplatz Schmuckkästchen der Kaiserin Augusta, dem Skatepark und den großzügigen Rasenflächen. All diese Orte werden gerne für vielerlei Freizeitaktivitäten genutzt. Das Schloss selbst kann man nicht besichtigen. Allerdings können die Räumlichkeiten für Tagungen, Konzerte, Meetings oder auch Hochzeiten gebucht werden. Das Kurfürstliche Schloss ist seit 2002 Teil des UNESCO-Welterbes Oberes Mittelrheintal.

Vater Rhein, Mutter Mosel

Man kann sowohl um das Gebäude herumgehen als auch den barrierefreien Zugang zum **Schlosspark** nehmen. Dieser wurde zur Bundesgartenschau 2011 rekonstruiert und spannt heute einen Bogen von historischer bis zu moderner Gartengestaltung. Die Pläne des königlichen Gartenbaumeisters Peter Joseph Lenné bildeten die Grundlage für die Neugestaltung. Mit der großen Wasserflä-

9 INNENSTADT BIS OBERWERTH

Schlossgarten

che, dem Springbrunnen und der stets jahreszeitlichen Bepflanzung ist die Gartenanlage ein kleines Paradies nahe der Innenstadt. Diesen Lieblingsplatz verlassen wir nun durch das Gartentor hinunter zum Rhein, vorbei an der **Skulpturengruppe Vater Rhein und Mutter Mosel** und am **Joseph-Görres-Denkmal.**

Bevor wir unseren längeren Fußmarsch entlang des Rheins starten, setzen wir uns noch einen Moment auf die **Schlossstufen.** Die große Freitreppe führt hinab an den Rhein und ist ebenfalls zur Bundesgartenschau entstanden. Inzwischen ist die Treppe zu einem beliebten Treffpunkt für Jung und Alt geworden, meist ab den frühen Abendstunden.

Rheintreppe

Auf unserem Weg durch die **Kaiserin-Augusta-Anlagen** rheinaufwärts kommen wir als Nächstes am **Weindorf Koblenz** vorbei. Die Gastronomie in der Art eines Winzerdorfes ist gerade auch bei Touristen sehr beliebt. Hinter den Winzerhäusern befindet sich ein Miniatur-Weinberg. Das

„Schnorbach Brückstück" ist die kleinste registrierte Wein-Einzellage in Deutschland. Auf dem Platz vor dem Weindorf steht der **Weinbrunnen,** auch **Traubenträgerbrunnen** genannt. Gegenüber vom Weindorf erinnert ein Denkmal an den Dichter Max von Schenkendorf und ein Brückenmonument an den Bau der „Coblenzer Rheinbrücke" Ende des 19. Jahrhunderts. Beide Denkmäler wurden von Kaiserin Augusta gestiftet. Die 3,5 Kilometer lange Parkpromenade am linken Rheinufer ist ebenfalls im Auftrag der Kaiserin entstanden und trägt die Handschrift von Peter Joseph Lenné. Dem Gartenbaukünstler hat man mit einer Büste in den Anlagen ein Denkmal gesetzt, an dem wir vorbeikommen.

Kaiserin-Augusta-Denkmal

Als Nächstes gehen wir am **Pegelstab** entlang, einer zweifarbigen Messstange, unweit des **Biergartens Kaiserin Augusta Anlagen,** in dem man unter großen Kastanienbäumen mit einem guten Schluck entspannt auf das „Rheinische Nizza" auf der anderen Seite des Flusses schauen kann.

Nach einer erneuten Pause geht es vorbei am achteckigen **Luisentempel** (auch **Salventempel**) zum 1896 eingeweihten **Kaiserin-Augusta-Denkmal 6.** Das große Rondell aus weißem Carrara-Marmor und istrischem Kalkstein zeigt die Mäzenin im Alter von etwa 70 Jahren in antikem Gewand, umrahmt von Löwenköpfen und Vögeln. Die steinernen Bänke am Denkmal sind ein beliebter Treffpunkt, auch an heißen Sommertagen, denn die großen Platanen spenden Schatten.

Unser nächster Stopp, fast am Ende der Kaiserin-Augusta-Anlagen, ist am **Schwanenteich 7.** In dieser Naturoase kann man zu jeder Jahreszeit eine Vielzahl von unterschiedlichen Tierarten bestaunen. Aber Vorsicht, vor allem die Nutrias kennen keine Furcht und fordern energisch Essbares. Allerdings sollte man diesem Wunsch im Sinne des Tierschutzes nicht nachkommen.

Da wir gut zu Fuß unterwegs sind, möchten wir unseren Spaziergang hier noch nicht beenden, sondern auch den mo-

Schwanenteich

dernen Stadtteil **Oberwerth** erkunden, der auf einer Halbinsel liegt. Und so gehen wir vom Schwanenteich ein Stück zurück, biegen nach rechts in einen kleinen Fußweg ab, der uns hinauf zur Mozartstraße führt. Wir gehen weiter geradeaus, um den Mozartplatz mit recht beeindruckenden Villen herum und in die Beethovenstraße – wir sind übrigens im Musikerviertel – zu den **Rheinwiesen 8.** Auf der langgezogenen Wiese direkt am Fluss kann man unter großen Bäumen picknicken, Fußball spielen, Yoga machen oder einfach chillen. Für Kinder gibt es einen Spielplatz.

Direkt gegenüber der Rheinwiesen sehen wir einen großen Gebäudekomplex aus dem 19. Jahrhundert mit mehreren Geschossen auf einer Gesamtlänge von mehr als 100 Metern. Das ist das ehemalige **Königliche Preußische Lehrerinnenseminar.** Das Gebäude wurde von verschiedenen Hochschuleinrichtungen sowie der Universität Koblenz-Landau genutzt und soll jetzt zu einer exklusiven Wohnanlage umgebaut werden.

Wir gehen die Rheinau weiter geradeaus. An der Ecke Lortzingstraße befindet sich das Ausbildungs- und Tagungszentrum des Fußballverbandes Rheinland-Pfalz, die **Sportschule Oberwerth** mit der SKY-Sportsbar. An der nächsten Straßenecke biegen wir rechts in die Schumannstraße. Unser Weg führt uns jetzt zum **Händelplatz,** auf dem ein Basaltlavablock an die 25-jährige Thronbesteigung von Kaiser Wilhelm II. erinnert. Von hier aus gehen wir in die Brahmsstraße, dann links in die Goethestraße, rechts in die Sebastian-Bach-

Straße bis zum Weberplatz. Die zweigeschossigen Reihenhäuser in Putzbauweise mit traufständigen Mansarden- oder traufseitigen Satteldächern gehören zur **Beamtensiedlung Oberwerth 9**. An einigen Häusern sehen wir erhaltene expressionistische Motive. Die unter Denkmalschutz stehende Wohnsiedlung für Beamte und Arbeiter entstand im Auftrag des Beamten-Wohnungs-Verein in den 1910er- und 1920er-Jahren.

Rheinwiesen

Wir verlassen den Weberplatz und nehmen den schmalen begrünten Fußweg, der hinter der Wohnsiedlung entlangführt und auf die Schillerstraße trifft. Genau dort biegen wir rechts ab und folgen der Jahnstraße unter der **Horchheimer Eisenbahnbrücke** und unter der **Südbrücke** der Bundesstraße B 327 hindurch. Die Straßenbrücke mit 442 Metern Länge ist wirklich beeindruckend, ebenso die Graffitikunst, die die Brückenpfeiler verschönert.

Wir laufen noch ein Stück die Jahnstraße entlang. Vor uns sehen wir das **Stadion Oberwerth 10**, die Heimspielstätte des Fußballvereins TuS Rot-Weiß Koblenz sowie die Leichtathletikanlage und die **CGM Arena**, die zweitgrößte Mehrzweckhalle in Rheinland-Pfalz.

Hinter dem Aschenplatz des FC Rot-Weiß Koblenz und genau am **Gebäude des Wasserwerkes Oberwerth** gehen wir nach rechts zur CGM Arena in der Jupp-Gauchel-Straße. Hier an der Bushaltestelle endet unser Lieblingsplatz-Spaziergang. Wer jetzt noch Energie hat, kann den Spaziergang Nummer 10 anschließen. Ansonsten geht es für uns mit dem Bus zurück in die Stadt.

10 ZUM SCHLOSS STOLZENFELS

Start/Ziel: CGM Arena, Parkplatz Am Sportplatz Oberwerth, Jupp-Gauchel-Straße, 56075 Koblenz (GPS: 50.3334, 7.58629)
Länge: ca. 9 Kilometer
Dauer: ca. 2,5 Stunden
ÖPNV: Haltestelle CGM Arena, Bus 3/13
Parken: kostenfreier Parkplatz Am Sportplatz Oberwerth, Jupp-Gauchel-Straße, 56075 Koblenz

Unterwegs entdeckt:

1 Stadion Oberwerth
2 Pfarrkirche St. Menas
3 Aussichtspunkt Schloss Stolzenfels
4 Schloss Stolzenfels
5 Klausenburg
6 Graffitikunst

Essen + Trinken:

Der Spaziergang eignet sich am ehesten für ein Picknick am Rheinufer. Es gibt aber auch die Möglichkeit, im **Koblenzer Biergarten** einzukehren (An der Königsbach 10, 56075 Koblenz, Tel. 01 51/65 52 12 51). Alternativ kann man weiter in den Ort Stolzenfels laufen, um im **Hotel-Restaurant Zur Kripp** zu speisen, übrigens mit einem Biergarten am Rhein (Brunnenstraße 23–25, 56075 Koblenz, Tel. 02 61/2 91 97 75, www.hotellerie-zur-kripp.de).

Märchenhafte Rheinromantik

Nur wenige Kilometer entfernt von Koblenz erhebt sich gut sichtbar über dem Rhein das Schloss Stolzenfels. Die märchenhafte Schlossanlage ist über einen romantischen Waldweg mit grandiosen Ausblicken über den Rhein und die Lahnmündung zu erreichen. Schon auf dem Weg dorthin hat man den Eindruck, das ockergelb strahlende Bauwerk erhebe sich förmlich aus der Landschaft. Und wie es sich für ein richtiges Schloss gehört, gibt es dort auch Geister. Mit einem speziellen Geisterpass können Kinder diese Anlage spielerisch entdecken.

Wir starten unseren Spaziergang am Parkplatz Am Sportpark Oberwerth unterhalb der **Südbrücke.** Diese beeindruckende Brückenkonstruktion über den Rhein verbindet die Bundesstraße B 327 mit der Bundesstraße B 9 auf der linken Rheinseite und die Bundesstraße B 49 mit Anschluss an die Bundesstraße B 42 auf der rechten Rheinseite. Am Parkplatz halten wir uns rechts und gehen am **Vereinsheim des FC Rot-Weiß Koblenz e.V.** sowie am **Kunstrasenplatz Oberwerth** vorbei. Am Ende dieses schmalen Weges halten wir uns erneut rechts und gehen zur Jahnstraße. Vor uns sehen wir einen größeren Gebäudekomplex auf einem eingezäunten Grundstück. Es handelt sich um das **Wasserwerk Oberwerth** – das älteste und leistungsstärkste der Stadt.

Skulpturen vor Wasserwerk

Ein Stück weiter sehen wir rechts das **Fußballstadion Oberwerth** 1, dahinter die CGM Arena und links hinter dem Zaun ein Gebäude, das einer Kirche ähnelt. Aber weit gefehlt: Es handelt sich um die denkmalgeschützte **Pumpstation II** von 1904, die wohl nach den Plänen des Architekten und Koblenzer Stadtbau-

Myriameterstein

Myriametersteine sind Vermessungsmarken, bei denen ein Myriameter 10 Kilometern entspricht.

rates Friedrich Wilhelm Ludwin Mäckler errichtet wurde.

Wir bleiben auf dem Weg, der schmaler wird und in ein Wäldchen hineinführt. Rechts sehen wir zunächst den Fußballtrainingsplatz, später die Plätze des Tennisclubs TC Oberwerth Koblenz e.V. Wenn wir den Kopf heben, können wir sogar zwischen den Bäumen den **Fernmeldeturm Kühkopf** entdecken. Links neben unserem Weg, etwas unterhalb, direkt am Rhein, befindet sich die **offizielle Hundewiese** der Stadt Koblenz.

Bleiben wir achtsam auf unserem Weg, damit wir den **Myriameterstein 42,** einen historischen Kilometerstein am Wegesrand, sowie das Symbol der **Jakobsmuschel** als Wegweiser für den Pilgerweg nicht übersehen.

Am Ende des von Bäumen umgebenen Weges kommt rechts der **Koblenzer Biergarten.** Lassen wir uns von der etwas vernachlässigt wirkenden Gegend um den Biergarten nicht abschrecken. Das Angebot unter den hohen Bäumen ist einen Besuch wert, der Blick auf den Rhein ebenfalls. Von hier sehen wir auch rechts hinter den Bahngleisen und der Bundesstraße B 9 die Gebäude der heutigen **Koblenzer Brauerei,** darunter das über 70 Meter hohe Tankhochhaus.

Die nächsten 2 Kilometer geht es geradeaus in Richtung des Ortsteils Stolzenfels, mal auf einem geschotterten, mal auf einem geteerten Weg. Hin und wieder müssen wir uns diesen mit Radfahrern teilen, was aber kein großes Problem darstellt. Unser Weg führt zwischen dem Rhein und den Gleisen der linksrheinischen Bahnstrecke entlang.

Wir genießen während des Spaziergangs oder während einer Pause auf den Bänken den Blick über den Rhein. Auf der anderen Rheinseite gibt es nämlich viel zu entdecken, auch außerhalb von Koblenz: Das beeindruckende **Backsteingebäude Löhnberger Mühle** und das rot-weiße Schamott-**Schlösschen**, heute Maximilians Brauwiesen, beide Gebäude aus dem 19. Jahrhundert. Schaut man genauer hinauf in die Höhen, entdeckt man auf einem Felssporn die Spornburg **Burg Lahneck** und den Allerheiligenberg mit der **Allerheiligenkapelle** des ehemaligen katholischen Klosters in Lahnstein. Kurz bevor wir unseren Weg durch eine Unterführung unterhalb der Bahngleise verlassen, sehen wir deutlich die **Mündung der Lahn** in den Rhein.

Nach der Unterführung überqueren wir die Hauptverkehrsstraße an der Ampel und nehmen den Waldweg hinauf

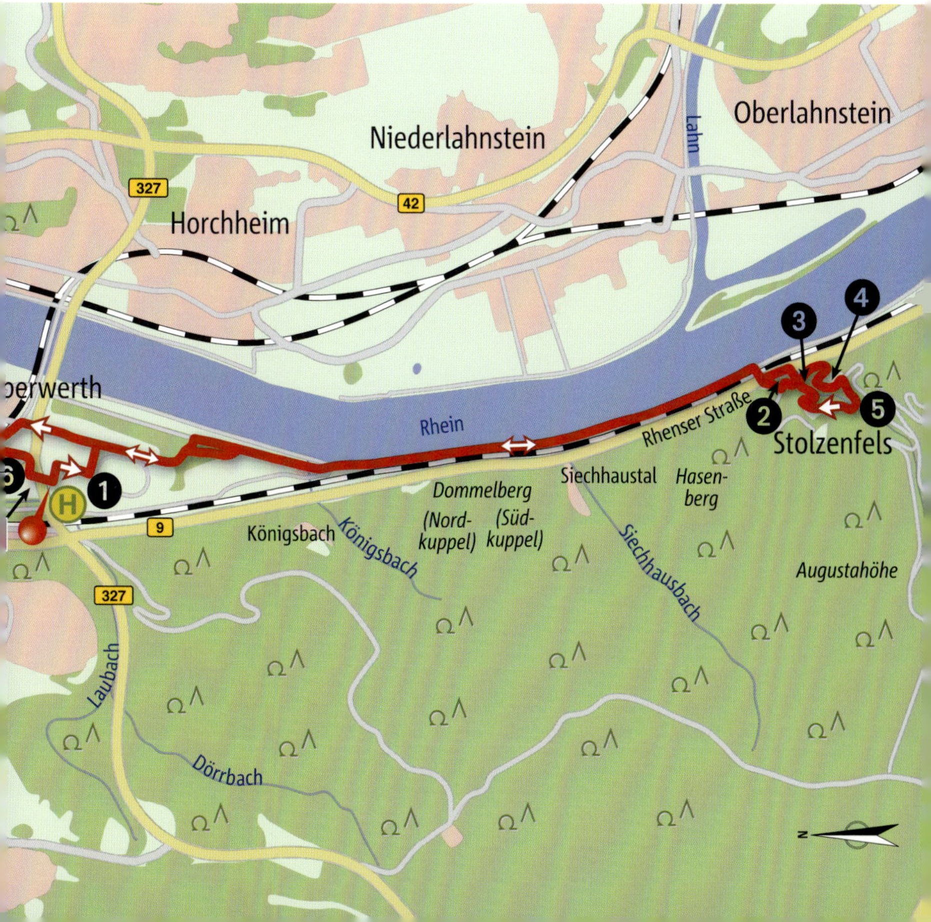

10 ZUM SCHLOSS STOLZENFELS

Löhnberger Mühle

Kloster Allerheiligenberg

zur **Pfarrkirche St. Menas 2**. Steil geht es hinauf, vorbei an der katholischen Kindertagesstätte gleichen Namens. Der heutige Kirchenbau, der nur in den Sommermonaten besichtigt werden kann, wurde von 1831 bis 1833 errichtet und ist von neoromanischen Formen geprägt. Von hier aus hat man wieder einen fantastischen Blick über den Rhein. An der Kirche befindet sich ein Friedhof, teils mit sehr alten Grabstätten.

Park und Gärten von Schloss Stolzenfels gehören zur Route der Welterbe-Gärten im UNESCO-Welterbe Oberes Mittelrheintal.

Wir gehen um die Kirche herum, um dem Weg zum **Gründgesbachtal** zu folgen. Wir überqueren ein staatliches Viadukt und steigen geradeaus in einen verschlungenen Waldweg ein, der uns durch den von Joseph Peter Lenné geschaffenen **Landschaftspark** hinauf zum Kronjuwel über dem Rhein führt. Immer wieder tun sich beeindruckende Ausblicke hinauf wie hinab auf.

Jetzt kommen wir an einen Abzweig. Links geht es zu einem weiteren **Aussichtspunkt 3**, rechts hingegen direkt zum Schloss. Wir machen diesen Abstecher und werden wiederum mit einem sensationellen Ausblick über das Rheintal und die Lahnmündung belohnt. Auf dem Rückweg können wir dann die über uns thronende markante Kapelle im gotischen Stil in Ruhe betrachten.

Friedhof St. Menas

Zurück an der Weggabelung setzen wir unseren Spaziergang über den malerischen Weg hinauf zum **Schloss Stolzenfels 4** fort. Das Schloss und die Schlossanlagen sind nach den Plänen von Karl Friedrich Schinkel und Peter Joseph Lenné errichtet worden. Die historischen Innenräume der Sommerresidenz von Friedrich Wilhelm IV. von Preußen können mit, aber auch ohne Führung besichtigt werden. Mit Überziehern über den Schuhen erkun-

Schloss Stolzenfels

det man die liebevoll hergerichteten historischen Wohnräume mit originalem Schlossmobiliar. Schon faszinierend, wie die Bewohner hier einst gelebt haben. Nach der Besichtigung nehmen wir uns noch Zeit, die farbenfrohe Blütenpracht von den Bänken in der romantischen Gartenanlage aus zu bewundern. Für unseren Weg wieder hinab in den Stadtteil Stolzenfels gehen wir jetzt durch das Tal des Gründgesbaches und kommen zunächst zur **Klausenburg 5,** auch kurz Klause genannt. In dem heute nicht mehr genutzten Gebäudeensemble aus Schieferbruchstein befanden sich die Dienst- und Gästewohnungen, die Pferdeställe und Remisen.

Friedrich August Stüler schuf unter anderem das Neue Museum in Berlin.

Wir gehen weiter über die geteerte Straße, die sich von hohen Bäumen gesäumt durch den Landschaftspark hinabschlängelt. Rechts begleitet uns der Gründgesbach, der teilweise zu kleinen Fischteichen gestaut ist. Kurz vor dem Ende des Weges überqueren wir wieder das Viadukt, welches vom Architekten Friedrich August Stüler geschaffen wurde. Danach führt der Weg in einer Schleife unter dem Viadukt hindurch.

Eine Schranke weist uns nun darauf hin, dass wir den Schlosspark wieder verlassen. Hier gibt es auch Hinweistafeln zum Schloss und zu den Wegen. In unmittelbarer Nähe der Schranke befinden sich ein Stein mit dem Pilgerzeichen, der Jakobsmuschel, und eine kleine Hinweistafel, die uns informiert, dass hier der **Mosel-Camino** beginnt. Dieser führt von Koblenz-Stolzenfels zur Benediktinerabtei St. Matthias in Trier und ist ca. 160 Kilometer lang.

Schlossklause

Auf dem Schlossweg gehen wir wieder in Richtung Rhein und nutzen in der Rhenser Straße erneut die Fußgängerampel. Wer den Rückweg nach Koblenz nicht zu Fuß zurücklegen möchte, kann den Bus ab Stolzenfels nehmen. Die Haltestelle ist in der Nähe der Fußgängerampel.

Wer zu Fuß zurück nach Koblenz spazieren möchte, geht durch die Unterführung der Bahngleise zurück ans Rheinufer und nimmt den bereits bekannten Weg Richtung Oberwerth. Allerdings mit einem sich lohnenden Perspektivwechsel, denn wir sehen nun vor uns in der Ferne zum Beispiel die Festung Ehrenbreitstein und die Pfaffendorfer Brücke.

Mosel-Camino

Nach einer (erneuten) Pause im Koblenzer Biergarten setzen wir unseren Weg oberhalb des Rheins fort. An der Weggabelung biegen wir links ab. Wir gehen wieder über die Jahnstraße, vorbei am Wasserwerk, allerdings jetzt weiter geradeaus durch die Brückenkonstruktion der Bundesstraße B 327 hindurch, um über die Parkstraße zum Ausgangspunkt zurückzukehren. Die Brückenpfeiler sind mit interessanter **Graffitikunst 6** besprüht. Auf dem weiteren Weg können wir noch einen Blick auf die **Hockeywiese** und den **Hockeyplatz von TuS Rot-Weiß Koblenz** werfen. Dann sind wir an unserem Ausgangspunkt zurück.

Wissenswertes über Schloss STOLZENFELS

um 1250	Erzbischof von Trier Arno von Isenburg errichtet das Schloss
bis 1412	Nutzung als Zollstation zur Erhebung des Rheinzolls
1689	Franzosen zerstören im Pfälzischen Erbfolgekrieg die Burg
1802	Die Stadt Koblenz erhält die Burgruine
1832	Die Stadt verschenkt die Burgruine an den preußischen Kronprinzen und späteren König Friedrich Wilhelm von Preußen
1836	Aufbau des Schlosses nach Plänen des Architekten Karl Friedrich Schinkel
1842	Einweihung mit einem prächtigen Maskenball, das Schloss wird der Öffentlichkeit zugänglich gemacht

Das Schloss gehört heute dem Land Rheinland-Pfalz und wird von der Generaldirektion Kulturelles Erbe verwaltet. Es ist seit 2002 Teil des UNESCO-Welterbes Oberes Mittelrheintal und geschütztes Kulturgut nach der Haager Konferenz.

Sehenswertes auf Schloss Stolzenfels

Pergolagarten:
Pergola und Brunnen inmitten eines schönen Blumenbeetes in Form einer gotischen Fensterrose erinnern an die Gartengestaltung um Schloss Charlottenhof in Potsdam.
Innenräume des Schlosses:
Bei einer Führung bekommt man unter anderem Einblick in die Rittersäle, das Musikzimmer, das Schreibkabinett und die Wohn-, Ankleide- und Schlafräume des Königs und der Königin.
Rheinterrasse:
Auf der Rheinterrasse, die zusammen mit der Sommerhalle eine Einheit bildet, lässt sich wunderbar der Ausblick auf den Rhein, die gegenüberliegenden Burgen und die fantastische Landschaft genießen.

11 ENTDECKERTOUR IN RÜBENACH

Start: Historiensäule, Aachener Straße/Münsterweg, 56072 Koblenz (GPS: 50.37295, 7.53222)
Ziel: Gasthaus Brückerbach „Dixi", Aachener Straße 2 d, 56072 Koblenz
Länge: ca. 8 Kilometer
Dauer: ca. 2 Stunden
ÖPNV: Haltestelle Brückerbach, Bus 14
Parken: Parkplatz am Gasthaus Brückerbach „Dixi", Aachener Straße 2 d, 56072 Koblenz

Unterwegs entdeckt:

1 Historiensäule
2 Sportanlage des FV „Rheingold" Rübenach 1919 e.V.
3 Rüwwenacher Möck
4 Pfarrkirche St. Mauritius
5 Alter Kirmesplatz
6 Balmes Mühle
7 Gasthaus Brückerbach „Dixi"

Essen + Trinken:

Es gibt nicht viele Einkehrmöglichkeiten, daher am besten ein Picknick für unterwegs mitnehmen. In der **Eisdiele Eiszeit** lassen sich nicht nur die leckeren Eissorten, sondern auch die fluffigen Bubble Waffeln probieren (Aachener Straße 79, 56072 Koblenz, Tel. 01 63/75 79 23 58).
Das **Gasthaus Brückerbach „Dixi"** ist eine sehr rustikale urige Kneipe (Aachener Straße 2 d, 56072 Koblenz, Tel. 02 61/28 01 11).

Wo die Möck zu Hause ist

Fachwerk- und Lavasteinhäuser, Lourdesgrotte, Heiligenhäuschen, Basaltkreuze, historische Straßenschilder, Zierelemente und Wandmalerei, Figurennischen – in Rübenach gibt es so einiges zu entdecken. Manches davon sieht man sofort, bei anderem braucht es einen aufmerksamen zweiten Blick. Unser Spaziergang durch diesen Stadtteil führt uns durch die schmalen Gassen des fast 1250 Jahre alten Ortskerns mit eher dörflichem Charme, durch neu entstandene Wohngebiete mit moderner Infrastruktur und durch grüne Wiesen vorbei an zwei kleinen Bächen.

Beginnen wir unsere Entdeckertour an der **Historiensäule 1**, einer Basaltstele, auf der neben dem Wappen und dem Gründungsjahr des Ortsteils auch Themenbilder zur Geschichte von Rübenach zu sehen sind – und auch künftig noch weitere dazukommen sollen. Die Säule wurde vom Rübenacher Steinmetz Michael Becker auf Initiative des Vereins Rüwenacher Möck e.V. erschaffen. Der sehr aktive Verein trägt mit vielen Projekten zur Verschönerung des Stadtteils bei. An einigen werden wir auf unserem Spaziergang noch vorbeikommen. Direkt hier biegen wir von der Aachener Straße in den Münsterweg ein, an seinem Ende geht es dann rechts in die Keltenstraße. Wir spazieren durch das größte **Neubaugebiet** von Rübenach.

Historiensäule

Nach etwa 400 Metern gehen wir rechts in die Mühlenstraße, von den Rübenachern auch „Müllerwech" genannt. Nach der Hälfte des Weges sehen wir rechts einen langgestreckten Krüppelwalmdachbau, teilweise mit Fachwerk aus dem 18. Jahrhundert. Das ist die ehemalige **Wilhelms-Mühle,** die später nach ihrem letzten Besitzer **Moskopp-Mühle** genannt wurde.

In Rübenach gab es einst acht Mühlen.

Wir verlassen die Mühlenstraße nach links in die Straße Am Mühlenteich. Nach nur wenigen Metern geht links ein

Wilhelmsmühle

schmaler Pfad ab, der über einen kleinen Bach führt. Das ist der **Brückerbach.** In diesen fließt hier der kleinere **Anderbach.** Beide Bäche entspringen westlich bzw. südwestlich des Ortes.

Auf unserem Weg kommen wir jetzt an der **Sportanlage des FV „Rheingold" Rübenach 1919 e.V.** 2 vorbei. Der beliebte Verein engagiert sich besonders für die Förderung der Jugend und setzt sich für den Seniorenfußball ein. In der Sportanlage sprudelt der vom Bildhauer Rudi Scheuermann geschaffene Sparkassenbrunnen. Auf weitere seiner Werke werden wir auf unserem Spaziergang durch Rübenach immer wieder treffen.

Unmittelbar neben der Anlage befindet sich auf einem größeren Gelände eine **Sporthalle**, die nach Franz Mohrs,

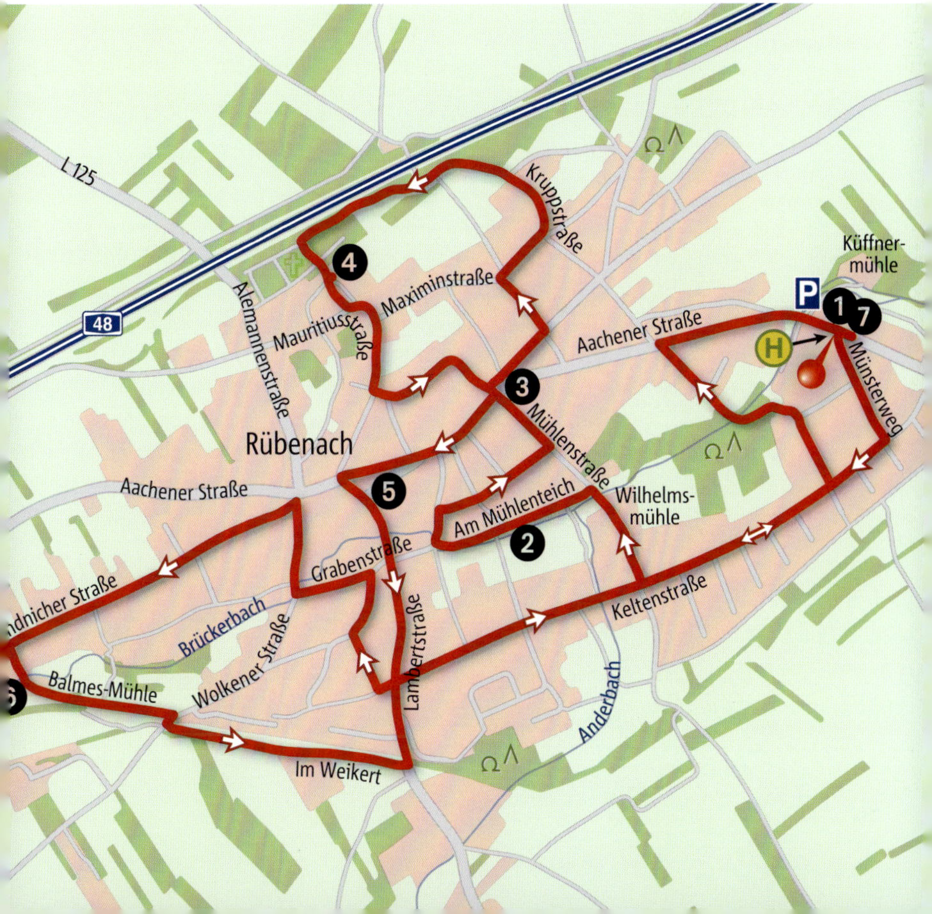

Rüwwenacher Möck

einem ehemaligen Fußballer benannt ist. Dessen sportlicher Verdienst ist weit über Rübenach hinaus bekannt. Außerdem kommen wir dort an der **Grundschule Rübenach** und an einem öffentlichen **Spielplatz** vorbei.

Am Ende der Straße gehen wir rechts in die Grabenstraße. Natürlich werfen wir dabei einen Blick in den besonders gestalteten Vorgarten des Hauses an der Ecke. Schon an der nächsten Ecke verlassen wir diese Straße wieder und gehen durch den Schultheiswiesenweg. An einigen Häusern können wir schon erkennen, dass wir in Richtung des alten Ortskerns unterwegs sind.

Wir treffen wieder auf die Mühlenstraße, gehen links in Richtung Aachener Straße und überqueren diese in Richtung Kilianstraße. Am Anfang dieser Straße befindet sich der Karl-Marx-Platz, im Volksmund **„Kümmchen"** oder **„Kümpchen"** (kleine Wasserstelle) genannt. Hier steht das Wahrzeichen und Traditionstier von Rübenach, die **„Rüwwenacher Möck" 3.** Im 19. Jahrhundert gab es aufgrund der vielen stehenden Gewässer um Rübenach herum immer wieder große Mückenplagen. Diese waren für die Einwohner so prägend, dass Christian Fey in den 1930er-Jahren ein Lied dazu schrieb, das zur Rübenacher Hymne geworden ist.

An diesen Platz grenzt ein Gebäude, auf dessen Rückseite große Buchstaben auf das **Hotel Schweitzer** hinweisen. Dieses ist allerdings nur noch teilweise geöffnet. Die Räumlichkeiten können für Veranstaltungen und private Feierlichkeiten genutzt werden.

Auf unserem Weg durch die Kilianstraße gehen wir zunächst am Hotel, dann an Wohnhäusern vorbei. Im ersten Teil ist die Straße sehr eng. Daher wird sie im Volksmund auch „Treechda" (Trichter) genannt. Die Kilianstraße ist übrigens sehr lang und führt aus Rübenach hinaus zum Koblenzer Stadtteil Bubenheim und dann weiter bis zur Bundesstraße B 9.

Wir allerdings folgen der Straße nur bis zur kreuzenden Maximinstraße. An der Ecke steht ein Haus, gebaut aus Eifeler Basalt- und Lavabrocken, ein sogenanntes **Krotzenhaus.** In Rübenach gibt es noch viele Häuser dieser Bauweise. Die meisten sind in der Zeit nach dem großen Brand von 1841 entstanden. Weitere Häuser aus der ersten Hälfte des 20. Jahrhunderts sind hingegen aus Backsteinen gebaut worden.

Bubenheim liegt im Norden zwischen Rübenach und Kesselheim.

Unseren Weg setzen wir nach links durch den oberen Teil der Maximinstraße fort. Die ehemalige Kloster- sowie Burgstraße wurde nach dem Hofgut Maximin benannt, dem Ursprung von Rübenach. In dieser Straße befindet sich auf der rechten Straßenseite das 1901 erbaute **St.-Anna-Kloster,** in dem die Dernbacher Schwestern noch bis zu Beginn der 1960er-Jahre soziale Dienste leisteten. Danach wurden die Räume als Sozialräume sowie als Wohnung der Pfarrei St. Mauritius genutzt. Das Backsteingebäude mit den zwei Giebeln und der Figurennische mit der kleinen Statue Mutter Anna mit Maria ist heute in privatem Besitz.

Krotzenhaus

Ziegen in der Kruppstraße

Am Ende der ansteigenden Maximinstraße gehen wir nach rechts in die Hollerstraße. Genau hier steht ein Heiligenhäuschen, das von den Rübenachern **„Müllersheiligenhäuschen"** genannt wird. Gebaut wurde es 1898. Der Name erinnert an eine wohlhabende Bauern- und Händlerfamilie. Links neben dem Eingang des Heiligenhäuschens befindet sich ein altes **Steinkreuz** mit Rosettenornamenten. In Rübenach gibt es übrigens noch mindestens vier weitere Heiligenhäuschen.

Pfarrkirche St. Mauritius

Von der Hollerstraße gehen wir nach links in die Kruppstraße, benannt nach einem Rübenacher Tongrubenbesitzer. Die Straße führt an Wohnhäusern, Wiesen und Feldern vorbei, bevor sie dann einen Rechtsknick macht und über die Autobahn A 48 führt. Wir gehen jedoch weiter geradeaus. Unser nächstes Ziel, die katholische Pfarrkirche St. Mauritius, ein weiteres Wahrzeichen des Ortes, haben wir schon fest im Blick. An der kleinen Obstplantage, an der wir jetzt noch vorbeikommen, bleiben wir kurz stehen, um den Ausblick über Rübenach und die Stadt bis hin zur Festung Ehrenbreitstein zu bewundern.

Danach gehen wir über den **Rübenacher Friedhof** zur katholischen **Pfarrkirche St. Mauritius 4** mit dem etwa 70 Meter hohen gemauerten Westturm aus Eifeler Basaltstein. Bei dieser Höhe ist es kein Wunder, dass man die Silhouette schon von Weitem sehen kann – egal aus welcher Himmelsrichtung man kommt. Zudem steht die zwischen 1862 und 1866 erbaute Kirche am höchsten Punkt des Ortes. Sie ist ein geschütztes Kulturgut nach der Haager Konferenz, gekennzeichnet mit dem blau-weißen Schutzzeichen. Der Bauplan der Kirche stammt vom bekannten Koblenzer Architekten Johann Claudius von Lassaulx (1781–1848), der in der gesamten preußischen Rheinprovinz tätig war.

Westturm mit Fensterrose

An und in der Kirche, aber auch um die Kirche herum gibt es eine Menge zu entdecken. So befindet sich über dem Haupteingang auf der Westseite des Turmes eine beeindruckende **Fensterrose.** An der Außenwand des südlichen Seiteneingangs lässt sich ein **Missionskreuz** mit einem Korpus aus Keramik aus dem 19. Jahrhundert über einem neugotischen altarartigen Sockel bewundern.

Im Innern der Kirche sollte man sich unbedingt die **Figur des heiligen Mauritius** in Rüstung mit Helm und Lanze sowie die **Figur der heiligen Aldegundis** mit Äbtissinnenstab und Buch ansehen – beides Barockfiguren, die aus der ersten Hälfte des 18. Jahrhunderts stammen. Sehenswert ist auch die sitzende **Muttergottes mit unbekleidetem Kind** aus Nussbaumholz aus dem 14. Jahrhundert.

Lourdesgrotte

In unmittelbarer Nähe des Haupteingangs befindet sich eine aus Schlackensteinen gebaute mehrteilige **Lourdesgrotte** mit Marienfigur. Diese wurde in Erinnerung an den 1916 gefallenen Nikolaus Als-

Friedenstele

Ehemaliges Hofgut

bach von dessen Ehefrau errichtet – so steht es auf dem Gedenkstein.

Von der Grotte führt uns der Weg direkt in den **Bibelgarten,** der auf dem ehemaligen Gelände des alten Friedhofes durch Ehrenamt und privates Engagement entstanden ist. Hier wachsen Pflanzen, die in der Bibel Erwähnung finden. Zwischen ihnen steht die von Bildhauer Rudi Scheuermann geschaffene Friedensstele. Lassen wir uns für einen Moment in dieser Oase der Ruhe und Besinnung nieder. Die vorhandene Bank oder auch die Wiese laden geradewegs dazu ein.

Nach dieser Pause gehen wir die Steintreppen hinab zur Mauritiusstraße. Das erste Haus ist das ehemalige **Hofgut der Abtei St. Maximin Trier,** bezeichnet 1699 und 1786, so entziffern wir es mit etwas Mühe vom angebrachten Schild an der Hauswand. Achten wir einmal auf die Zierelemente des Hoftores und auf den Torbogen. In diesem befindet sich eine Figurennische, darin Jesus als Hirten.

Das weiße dreigeschossige Gebäude mit den auffallenden weiß-roten Fensterläden direkt an der Ecke Mauritiusstraße/Maximinstraße ist das älteste noch erhalten gebliebene Baudenkmal von Rübenach. Es handelt sich um das **Burghaus der Freiherren von Eltz-Rübenach,** einen im Kern spätstaufischen Wohnturm, der über Jahrhunderte hinweg mehrere Erweiterungen und Umgestaltungen erfuhr. Über dem Eingang sehen wir den Wappenstein.

Um diese beiden Gebäude herum befand sich einst der alte Dorfkern von Rübenach. Später dehnte sich der Ort weiter nach Süden aus. Noch erhalten gebliebene Lavastein- und Fachwerkhäuser werden wir jetzt auf unserem Spaziergang zur wichtigsten Straße des Ortes, der Aachener Straße, immer wieder sehen.

Zunächst gehen wir aber weiter durch die Mauritiusstraße vorbei an den **alten Schulgebäuden,** die mit kleinen Hinweistafeln gekennzeichnet sind. Nachdem das 1810 errichtete Schulgebäude nicht mehr ausreichte, wurden zwei weitere, direkt nebeneinanderliegende Schulgebäude in dieser Straße errichtet. Über einem Kellerfenster am Schulgebäude 1 sehen wir die Buchstaben LSR. Das bedeutet, dass sich hier im Krieg ein Luftschutzkeller befand.

Haus Grundhöfer

Die Mauritiusstraße, übrigens benannt nach dem Schutzpatron der Kirche, verlassen wir nach links in die Von-Eltz-Straße. Nach wenigen Metern macht die Straße einen leichten Knick. Dort beginnt rechts die Gotenstraße, ehemals Mittelstraße, davor Judengasse, so steht es auf dem Straßenschild. Genau hier befindet sich das **Haus Grundhöfer** mit einem sehr beeindruckenden Zierelement im Giebel, das die Jahreszahl 1903 enthält. Etwas tiefer unter den beiden Rundbogenfenstern ist ein Zierband mit der Inschrift „Gott schütze uns vor Feuer und Not: So will ich ihn preisen bis zum Tod". Über der alten Eingangstür ist ein wahrlich nicht mehr gut zu lesendes Firmenschild, aus dem wir erfahren, dass sich hier einst eine Wurstfabrik mit Motorbetrieb befand. Heute würde man Metzgerei

Kriegerdenkmal

schreiben. Wir folgen der Gotenstraße nicht, sondern gehen weiter durch die Von-Eltz-Straße. Beim Anblick der Häuser, Stall- und Scheunengebäude fühlt es sich irgendwie nach der „guten alten Zeit" an.

Wieder zurück am „Kümmchen", wird's jetzt etwas lebhafter. Denn wir spazieren entlang der Hauptdurchgangsstraße. Keine Sorge, das wird keinesfalls langweilig. Denn in der **Aachener Straße,** die je nach Abschnitt völlig unterschiedlich gestaltet ist, gibt es Geschäfte, eine Eisdiele, ein Hoflädchen, einen Bauernhof, ein Hotel, einen Kinosaal, Scheunen und natürlich wieder Fachwerk- und Lavasteinhäuser. Und auch über unseren Köpfen gibt es viel zu sehen wie Skulpturen, Malerei und Zierelemente an den Häusern. Gut aufpassen, sonst entgehen uns vielleicht Postkutsche, Adam und Eva, Schäfer oder Petrus.

Auf unserem weiteren Weg steht das **Kriegerdenkmal,** das 1913 für die Gefallenen des Deutsch-Französischen Krieges 1870/71 errichtet und später im Gedenken an die Gefallenen beider Weltkriege erweitert wurde. Es handelt sich um einen Brunnen mit zwei Halbrundbecken, über denen auf einer Halbkugel der preußische Adler sitzt. Links und rechts daneben sind Reliefbilder aus Bronze von Kaiser Wilhelm I. und Wilhelm II. Das Denkmal, das über die Jahre immer wieder um Stelen, Jahreszahlen und Inschriften erweitert wurde, gibt uns Zeugnis von einer vergangenen Erinnerungskultur.

Wir verlassen die verkehrsreiche Aachener Straße nach links in die Lambertstraße. Gleich das erste Haus auf der rechten Seite, ein **Bauernhaus aus Lavastein,** trägt die Handschrift von Johann Claudius von Lassaulx – sehr gut erkennbar übrigens an der Steinsetzung über dem Eingang.

An der nächsten Straßenmündung – hier trifft die Alte Straße auf die Lambertstraße – steht ein kleines **Heiligenhäuschen mit einer Marienstatue.** Gegenüber befindet sich der **Alte Kirmesplatz** 5 mit der **Stele „Nippender Vogel".** Übrigens ist hier aus einer ehemals unansehnlichen, tristen Parkfläche durch Umgestaltung ein kleiner Verweilort mit einer Bank entstanden. Ein weiteres gutes Beispiel für das Engagement der Menschen in Rübenach für ihren Wohnort.

Nippender Vogel

Die Lambertstraße ist lang und so gibt es einiges zu entdecken. Wir sehen die **Gartenanlage Uckermann** sowie den **Wetterhahn auf dem Erkertürmchen des Hauses „Still".** Dieses Haus ist schon allein durch seine auffällige Fassadengestaltung, unter anderem mit roten Backsteinen und Zierelementen, ein Hingucker.

Wir biegen jetzt rechts in die Rosenbornstraße ab. Gegenüber beginnt die Keltenstraße. Merken wir uns diese Straßenkreuzung, denn wir werden auf unserem Spaziergang hier noch einmal vorbeikommen. Die Rosenbornstraße, früher Güterbahnhofstraße, verlassen wir schon nach wenigen Metern in die Trevererstraße, eine Wohnstraße. Ihr folgen wir bis zur Florianstraße. In der Florianstraße befindet sich linkerhand das **Feuerwehrgerätehaus der Freiwilligen Feuerwehr Rübenach,** unmittelbar am **Brunnenplatz.** Die kleine Grünanlage mit dem von Rudi Scheuermann geschaffenen Brunnen und den Bänken ist eine weitere Verweiloase im Ort. Wir gehen links, um zur Grabenstraße zu gelangen. Von der Grabenstraße mit schmucken Wohnhäusern gehen wir rechts in die Gedächtnisstraße. Dann schauen wir mal, ob wir den Pflügenden Bauern, eine Wandmalerei entdecken können.

Wir laufen wieder auf die Aachener Straße zu. Doch wir gehen nicht in diese zurück, sondern werfen nur einen Blick auf das weiße Gebäude mit roten Backsteinen, an dessen Giebel der Spruch „Thu was soll, kom was woll" zu lesen ist. Dann setzen wir unseren Weg fort und gehen an Wohnhäusern vorbei durch die Sendnicher Straße. Es dauert eine Weile, bis wir links den Abzweig Balmes-Mühle erreichen. Dann aber geht es hinab ins Grüne, vorbei an der kleinen **Kapelle** in unmittelbarer Nähe der **Balmes Mühle 6.** Diese wurde 1672 von Marx Müller erbaut und betrieben. Knapp 50 Jahre später wechselte die Mühle den Besitzer und wurde über 150 Jahre von der Familie Gappenbach geführt. Von 1879 bis 1900 übernahm der Schäfer Balmes die Mühle, dessen Namen sie heute noch trägt. Zu sehen sind die inzwischen modernisierten ehemaligen Mühlengebäude. Das Wasserrad, welches die Mühle antrieb, ist leider nicht mehr erhalten.

Kapelle an der Balmes Mühle

Ehemalige Bahnhofswirtschaft

Die Straße geht hier in einen Wirtschaftsweg über. Dieser führt zwischen Wiesen und Feldern auf der linken Seite und den zugewachsenen Bahngleisen auf der rechten Seite zur Wolkener Straße – Natur pur und absolute Stille. An der Wolkener Straße gehen wir jetzt rechts und gleich wieder links in die Straße Im Weikert, um weiter entlang von Feldern und Wiesen noch ein wenig die Natur zu genießen. In der Nähe unseres Weges befindet sich der Rosenbornhof, auf dem unter anderem Reittherapie, pferdegestütztes Coaching und Pensionsboxen für Pferde angeboten werden.

Wir kommen zurück in den Ort. Unser Weg trifft auf die Lambertstraße. Wir gehen nach links und weiter bis zu der von links kommenden Straße Am Rübenacher Bahnhof, eine Sackgasse. Hier ist erst in den vergangenen Jahren ein Neubaugebiet entstanden. Zwischen den modernen Wohnhäusern steht allerdings auch noch ein Teil des alten Bahnhofsgebäudes. An der Ecke sehen wir die ehemalige **Bahnhofswirtschaft.** Der letzte Personenzug hielt 1983 in Rübenach.

Brückerbach

Gehen wir noch ein Stück weiter die Lambertstraße hinab. Schauen wir dabei ruhig mal in die Ferne. Wir werden hoch oben den Kirchturm sehen und erstaunt feststellen, welchen Weg wir bisher schon zurückgelegt haben. Aber so langsam kehren wir nun auch in Richtung unseres Ausgangspunktes zurück. Dafür biegen wir jetzt rechts in die Keltenstraße. Ja, genau an dieser Straßenkreuzung haben wir schon einmal gestanden. Wir spazieren wieder durch das Wohngebiet zurück, biegen nun aber links in die Straße Doppelmühle ab. Diese Straße verläuft in einer Rechtskurve. Wir gehen aber weiter geradeaus und kommen über einen sehr schmalen, verwunschenen Pfad zur Straße In der Grünwies. Dabei überqueren wir noch einmal den Brückerbach.

Wieder in der Aachener Straße halten wir uns rechts und gelangen zum **Gasthaus Brückerbach „Dixi" 7,** einer urigen Kneipe. Jetzt müssen wir entscheiden, ob wir ein kühles Getränk genießen oder direkt den Heimweg antreten.

12 SÜDLICHE VORSTADT UND KARTHAUSE

Start: Rhein-Mosel-Halle, Julius-Wegeler-Straße 4, 56068 Koblenz (GPS: 50.35301, 7.60007)
Ziel: Forsthaus Remstecken, 56075 Koblenz
Länge: ca. 12,5 Kilometer
Dauer: ca. 4 Stunden
ÖPNV: Haltestelle Rhein-Mosel-Halle, Bus 5/15, 6, 7, 8, 9/19, 10; Rückkehr zum Ausgangspunkt: vom Forsthaus Remstecken über die geteerte Straße hinauf zur Bundesstraße B 327 (Hunsrückhöhenstraße), dann über die Fußgängerbrücke zur Haltestelle Remstecken, Bus 620 VRM bis Haltestelle Löhr-Center/Bf. Stadtmitte, dann zu Fuß über die Hohenfelder Straße und Schlossstraße zur Rhein-Mosel-Halle
Parken: B+B Parkhaus, Julius-Wegeler-Straße 6, 56068 Koblenz

Unterwegs entdeckt:

1 Rhein-Mosel-Halle
2 Südallee
3 Hauptbahnhof Koblenz
4 St.-Josef-Platz
5 Löwentor
6 Bundesarchiv
7 Hochschule Koblenz
8 Panoramablick über die Mosel
9 Forsthaus Remstecken

Essen + Trinken:

Auf dem Weg gibt es einige ganz unterschiedliche Restaurants und Cafés sowie Imbisse.
Ein besonderer Tipp: In der Südlichen Vorstadt serviert **Oscar natural good food & bar** vegane und vegetarische Gerichte unter Verwendung saisonaler und regionaler Zutaten aus weitgehend biologischem Anbau (Hohenzollernstraße 125, 56068 Koblenz, Tel. 02 61/27 75 04 28, www.oscarfoodbar.de).

Stadt, Wald, Geschichte

Dieser Koblenzer Stadtspaziergang ist zweigeteilt: Es geht durch Stadt und Wald. Wir starten unsere Tour in einem Stadtteil, der ab 1890 im Zuge der Stadterweiterung entstand und heute ein dichtes Wohngebiet ist. Wir steigen mitten durchs Grüne hinauf in den größten Koblenzer Stadtteil und wollen später sogar noch höher hinaus: in den Stadtwald, ein Naherholungsgebiet. Auf unserer heutigen Tour durch zwei ganz unterschiedliche Viertel finden wir interessante Architektur, gut begehbare Wanderwege und viele Spuren der Geschichte.

Unsere Tour beginnt in der Südlichen Vorstadt an einem geschätzten Tagungs-, Kongress- und Veranstaltungsort, der **Rhein-Mosel-Halle** 1. Die Mehrzweckhalle, ein Stahlbetonbau im architektonischen Charme der 1950er-Jahre, wurde zur Bundesgartenschau 2011 generalsaniert und um ein modernes Tagungszentrum sowie um ein gläsernes Foyer-Gebäude erweitert. Besonders an sonnigen Tagen ist die tiefdunkelblaue Edelstahlblech-Fassade mit den vorgelagerten, vertikalen Aluminium-Lamellen ein beeindruckender Blickfang. Dass die Rhein-Mosel-Halle auch über eine Orgel verfügt, wissen wahrscheinlich nur wenige. Diese Orgel wurde 1963 von dem deutschen Organisten und Orgelbauer Emanuel Kemper mit 71 Registern auf vier Manualen sowie Pedal gebaut. Sie ist in zwei Kammern links und rechts neben der Bühne aufgestellt.

Rhein-Mosel-Halle

Führungen durch die Rhein-Mosel-Halle sind auf Anfrage möglich.

Von hier starten wir über den mit Wegen, Beeten und Rasenflächen angelegten Vorplatz. In den Sommermonaten findet hier die „Blaue Stunde – PopUp Weinbar" statt, ein gemütliches After Work-Event mit loungiger Musik, einer Vinothek und kleinen Speisen.

An der Fußgängerampel queren wir die stadtauswärts führende Mainzer Straße, um in die Rizzastraße zu gelangen.

Wohnen in der Südallee

Direkt an dieser Kreuzung verbindet eine gläserne Brücke die Gebäude der **Bundesanstalt für Gewässerkunde.** Danach biegen wir in die Kurfürstenstraße ab. Auffallend ist, dass die Häuser verschiedene Baustile haben, teilweise lückenbebaut. Auf der rechten Straßenseite sehen wir das **Hilda-Gymnasium,** das 1835 als Höhere evangelische Stadtschule gegründet wurde. Gegenüber liegt das **Koblenz-Kolleg.** Hier kann man in Tages- wie auch in Abendkursen die Allgemeine Hochschulreife erlangen.

An der nächsten Ecke gehen wir rechts in den Markenbildchenweg. Natürlich fällt uns das Lokal mit dem kleinen bestuhlten Außenbereich auf. Wer Whisky, gutes Stout Bier oder schmackhaften Cider mag, sollte sich **Piper's Corner Celtic Irish Pub** merken und später zu diesem besonderen Lokal zurückkehren.

Am Markenbildchenweg machen wir einen kleinen Abstecher nach rechts. In der **Südallee 2,** einer für Fußgänger und Radfahrer heute wichtigen Verbindungsachse zwischen Südlicher Vorstadt und Stadtzentrum, zeugt die Bebauung von der alliierten Besetzung des Rheinlandes. Nach dem Ende des Ersten Weltkrieges bestand ein großer Bedarf an Wohnungen für die Beamten und Soldaten der Alliierten mit ihren Familien. Daher wurden hier in den 1920er-Jahren drei- bis viergeschossige Wohnhäuser mit klar gegliederten Fassaden und besonders gestalteten Eingängen errichtet.

Nun setzen wir unseren Weg durch den Markenbildchenweg fort. An der großen Verkehrskreuzung Hohenzollernstraße sind die Häuser auffallend halbrund gebaut. In der Mitte dieses heute noch gut erkennbaren Rondells stand die **Markenbildchenkapelle.** Am Haus Nummer 32 hängt eine Basaltlavatafel, auf der das Relief der Kapelle samt Gnadenbild zu sehen ist. Die Markenbildchenkapelle wurde 1851 geweiht und bei Luftangriffen 1944 so schwer beschädigt, dass ein Wiederaufbau nicht möglich war.

Graffiti in der Frankenstraße

Wir queren die Kreuzung und sehen bereits unser nächstes Ziel, den **Hauptbahnhof Koblenz 3.** Im Zuge der südlichen Stadterweiterung nach dem Fall der preußischen Stadtbefestigung entstand dieser Bahnhof. Dessen Einweihung fand am 1. Mai 1902 nach dreijähriger Bauzeit statt. Das unter Denkmalschutz stehende Hauptgebäude aus Eifler Tuffstein im wilhelminischen Baustil wurde nach der Zerstörung im Zweiten Weltkrieg ebenso wie die umliegenden Bauten rekonstruiert. Gleichzeitig wurde damals das Bahnhofsgelände um den Busbahnhof erweitert. An der heutigen modernen Gestaltung des Bahnhofsvorplatzes mit viel Glas, Stahl und Bodenpflaster scheiden sich die Meinungen der Reisenden wie auch die der Einwohner von Koblenz. Seit dem Jahr 2000 gibt es einen modernen, verglasten Pavillon mit Geschäften und Informationsmöglichkeiten für Touristen, dazu Cafés und Verweilzonen. Busbahnhof und Taxistand ermöglichen den direkten Anschluss in die Stadt wie ins Umland. Daran gehen wir vorbei in Richtung des **Landesbibliothekszentrums**

Rheinland-Pfalz. Nicht vergessen, nach oben zu schauen! Hinter dem Hauptbahnhof thront auf einem äußeren Bergsporn des Hunsrücks die Festungsanlage Fort Großfürst Konstantin.

Weiter geht der Weg nach rechts in die **Frankenstraße.** Dort gibt es Graffitikunst zu bestaunen. Die Begrenzungsmauer der Bahn haben deutsche und ausländische Sprayer gemeinsam mit farbenfrohen Bildern und Schriftzügen gestaltet.

Über die Sachsenstraße und die Hohenzollernstraße gelangen wir zum **St.-Josef-Platz 4** mit einem sehr imposanten Kirchenbau. Allein der gewaltige Turm misst sage und schreibe 93 Meter. Damit überragt er nicht nur die umliegenden Gebäude, sondern auch die meisten Bauwerke der Stadt. Wir stellen uns einfach mal vor den Turm und blicken ganz langsam nach oben – beeindruckend!

Die **St.-Josef-Kirche** wurde von 1894 bis 1897 nach den Plänen des Architekten Josef Kleesattel errichtet, dessen

St.-Josef-Kirche

Markenbildchen-Madonna

Kirchenbauten das Rheinland besonders prägten. Die dreischiffige neogotische Basilika ist ein mit Tuffquadern verblendeter Ziegelbau, an dem Elemente aus der französischen Kathedraloptik wie Spitzbögen gut zu erkennen sind. Haupt- und Querschiff bilden gemeinsam ein großes Lateinisches Kreuz. Gehen wir jetzt einmal um die den Platz dominierende Kirche herum. Wir achten dabei auch auf die Wohnhäuser, teils mit reicher Stuckfassade.

Danach betreten wir eine der schönsten Kirchen im Bistum Trier. Gleich auf den ersten Blick fällt auf, dass das von 1979 bis 1982 renovierte Gotteshaus im Inneren schlicht und hell ist. Auf den zweiten Blick sehen wir, dass es viel zu entdecken gibt. Wer in Gedanken bereits einen erneuten Besuch plant, trifft wahrlich eine gute Entscheidung. Denn für eine Besichtigung der einzelnen Besonderheiten, wie Zelebrationsaltar, Turmrosette, Apostelfenster, Bonifatiuskapelle, die Reliefs unter der Orgelempore, sollte man viel Zeit und Ruhe haben.

Was wir aber schon jetzt unbedingt besichtigen sollten, ist die spätbarocke **Markenbildchen-Madonna** in dem kleinen Kapellchen an der Westseite des Querhauses. Diese stand bis zur Zerstörung in der eigenen Kapelle am Rondell am Markenbildchenweg. Ganz sicher erinnern wir uns, denn wir sind auf unserem Weg an diesem Platz schon vorbeigekommen.

Bei einem alten Gebäude gegenüber vom St.-Josef-Platz denken wir sofort an eine Schule. Richtig, in dem viergeschossigen Ziegelbau mit Walmdach befindet sich die **Grundschule Schenkendorf.** Das Gebäude wird bereits seit 1891 als Schule genutzt.

Gehen wir ruhig etwas langsamer durch die **Schenkendorfstraße,** denn die drei- und viergeschossigen Wohnhäu-

Schenkendorfstraße

Hasenpfad

ser mit den schmucken Balkonen und Vorgärten sind eine kleine Augenweide. Viele der Backsteinbauten stammen aus der Gründerzeit. Auch einige Fachwerkhäuser sind vorhanden. Vor uns liegt der **Schenkendorfplatz,** ein vor allem ab den Abendstunden belebter Ort mit Gastronomie. Wer gerne liest, findet hier kostenlosen Lesestoff in einem öffentlichen Bücherschrank.

Durch die verkehrsreiche Hohenzollernstraße mit Geschäften und Gastronomie setzen wir unseren Weg weiter stadtauswärts fort. Hin und wieder sieht man noch historische Bausubstanz mit sandsteingegliederten Ziegelfassaden oder Fachwerk. Besonders augenfällig ist das **spätgründerzeitliche Wohnhaus,** früher auch Geschäftshaus, in der Hohenzollernstraße 134, direkt neben dem Supermarkt. Und auffallend, fast schon ein wenig Kult, ist das kleine, rot angestrichene Lokal **Schützenhof** mit Außengastronomie am Ende der Hohenzollernstraße.

Etwa 50 Meter weiter gehen wir rechts durch die Unterführung, um unter den Bahngleisen hindurch zur Schützenstraße zu gelangen. Dieser folgen wir bis zum Engelsweg. Wieder unter den Bahngleisen und jetzt auch unter der Bundesstraße B 9 hindurch, kommen wir zur Römerstraße. Auf diesem Weg, vorbei an teils vergessen wirkenden Häusern, sollten wir nicht den Blick für kleine Besonderheiten verlieren. Wir sehen das **Rayon-Eckhaus,** einen dreigeschossigen Fachwerkbau von 1889 mit Ziegelausfachung in der Schützenstraße Nummer 56 und das 1904 errichtete, viergeschossige **Zeilen-Doppelhaus** mit viel Jugendstildekor in der Hausnummer 34/36.

Treppauf geht es jetzt über den **Hasenpfad,** der am Ende der Römerstraße beginnt und in den Stadtteil Karthause hinaufführt. Vorsicht, teils sind die Steinstufen unter den hohen Bäumen recht ausgetreten und mit Moos bewachsen. Der wie im Dornröschenschlaf wirkende Weg ist die kürzeste Verbindung von der Stadt hinauf auf die Karthause, so der heutige Name eines Berges, der ursprünglich Beatusberg hieß und durch den Orden der Karthäuser geprägt wurde. Genießen wir den Anstieg, denn es ist herrlich, nach so viel Stadt jetzt durchs Grüne zu spazieren!

Löwentor

Oben angekommen wechseln wir die Straßenseite und gehen die Simmerner Straße hinab. Wir biegen links in die Straße Am Spitzberg ab. Denn so gelangen wir am schnellsten zum erhalten gebliebenen **Löwentor 5** der ehemaligen preußischen Feste Kaiser Alexander, deren Reste 1965 gesprengt wurden. Die Toranlage lässt sich am besten mit etwas Abstand betrachten, denn allein die Eisenreliefs links und rechts des Durchgangs sind 3 Meter hoch. Bei diesen handelt es sich um Greifen in Löwengestalt als Wächter für den Tordurchgang. Zwischen ihnen und oberhalb des Durchgangs verrät uns der Text, dass die „Veste Kaiser Alexander" unter Kaiser Wilhelm III. von 1817 bis 1822 erbaut und nach dem Kaiser von Russland, Alexander I. Pawlowitsch Romanow benannt wurde.

Deutsche Geschichte anhand von Akten, Fotos, Plakaten oder Filmen entdecken, lässt sich auch im **Bundesarchiv 6.** Dieses erreichen wir vom Löwentor über kleine Straßen mit unterschiedlichen Vogelnamen durch das Wohngebiet Altkarthause. Wir gehen zunächst rechts durch den Finkenherd. Dann biegen wir rechts in die Straße Am Falkenhorst und danach rechts in den Wachtelschlag ein. Am Ende dieser Straße queren wir die Zeppelinstraße und folgen der Zeisigstraße bis zum Berliner Ring. Und dann stehen wir vor dem architektonisch auffallenden Gebäude in der Potsdamer Straße mit den vielen Fenstern zwischen der Granit- bzw. Bleiverblendung. Es wirkt auf den ersten Blick recht verschlossen. Doch davon sollte man sich keinesfalls abschrecken lassen, sondern das breite Veranstaltungs- und Ausstellungsangebot nutzen oder bei einer kostenlosen Führung einen Blick hinter die Kulissen der größten deutschen Kultureinrichtung werfen.

Vor dem Bundesarchiv befindet sich das **Jugend- und Bürgerzentrum Karthause,** kurz JuBüZ, eine Begegnungsstätte für Kinder, Jugendliche und Erwachsene. Und gegenüber vom Bundesarchiv sind uns längst die grauen Hochhäuser aufgefallen. Dabei handelt es sich um ein größeres Wohngebiet, das ab 1965 auf dem Flugfeld Koblenz-Karthause entstand. Hier befand sich von 1913 bis 1965 ein Verkehrslandeplatz, der geschlossen wurde, weil die Stadt dringend Wohnraum benötigte.

Hier könnte man den Spaziergang beenden und mit der Buslinie 2/12 zurück in die Stadt fahren. Die Haltestelle ist am Bundesarchiv. Wir gehen jedoch weiter und durch das **Einkaufszentrum Potsdamer Straße,** eine gepflasterte verkehrsfreie Straße mit Supermärkten, Friseur, Optiker, Schreib-

Bundesarchiv

Geschwister De Hay'sche Stiftung

warengeschäft und vielem mehr. Wer jetzt eine Pause vertragen könnte, kehrt in das kleine Café in der Bäckerei Höfer ein.

Am Ende der Einkaufsstraße halten wir uns links und gehen wieder in Richtung Simmerner Straße. Hier haben wir noch einmal einen Blick auf das Bundesarchiv, allerdings nicht auf die Vorderfront des Hauptgebäudes, sondern auf die Magazinbauten, in denen das Archivgut des Bundes sicher verwahrt wird.

Wir überqueren die Hauptstraße und gehen über Ahornweg, Pionierhöhe und Buchenweg in den Karthäuserhofweg. Dabei kommen wir an Einfamilienhäusern und am großen Gebäudekomplex der **Geschwister De Haye'sche Stiftung** vorbei. Das ist eine der bekanntesten Koblenzer Altenpflegeeinrichtungen, in der es auch das beliebte Café Sonnenschein gibt. Wir gehen vom Karthäuserhofweg rechts über den Parkplatz der Stiftung und kommen zum **Philosophenweg,** der uns zunächst um die vielen hohen Gebäude herumführt. Im Frühjahr, wenn die Bäume noch ohne Laub sind, können wir immer wieder auf die Stadt hinabblicken.

Welch ein schöner Spazierweg durchs Grüne, den wir aber am **Robinson-Spielplatz** wieder verlassen, um über den Akazienweg, die Karl-Härle-Straße und die Rüsternallee zum RheinMoselCampus der **Hochschule Koblenz 7** zu gelangen. Das moderne Hochschulgelände auf der Karthause entstand zwischen 2005 und 2009. Um einen Eindruck davon zu gewinnen, verlassen wir die Rüsternallee nach links und gehen vorbei an den Gebäuden der einzelnen Fachbereiche, den Werkstätten und Laboren und dem runden Gebäude mit dem Hörsaal. Die Hochschule Koblenz bietet Studiengänge mit Bachelor- und Masterabschluss als Vollzeit-, duales oder

Fernstudium an. Schwerpunkt sind mathematische und technische sowie wirtschafts-, sozialwissenschaftliche und künstlerische Fächer.

Auf dem Vorplatz der Hochschule steht das **Echolot.** Die ungewöhnliche, an ein Iglu erinnernde Holzkonstruktion schauen wir uns natürlich aus der Nähe an. Wir können sogar hineingehen. Über eine Hinweistafel erfahren wir, dass mit diesem Objekt die Schallwellenausbreitung eines Fledermausrufes auf der Basis binomischer Prinzipien dargestellt wird. Das Objekt wurde im Fachbereich Bauwesen zur Bundesgartenschau 2011 sowie gezeigt und danach hier zur Anschauung aufgestellt.

Echolot

Der heutige Spaziergang ist eine Abwechslung zwischen Stadt- und Waldgebieten, das haben wir längst festgestellt. Daher schreckt es uns auch nicht ab, dass wir jetzt erst einmal am Parkplatz der Hochschule über die Konrad-Zuse-Straße und den viel befahrenen Berliner Ring weitergehen müssen. Nicht lange, denn wir folgen links der Austinstraße durch das neu entstandene Wohngebiet zum **Panoramaweg.** Wir schauen jetzt ruhig einmal in die Ferne. Dabei können wir den **Fernmeldeturm Koblenz** erspähen.

Der Panoramaweg führt uns in den **Koblenzer Stadtwald,** ein Naherholungsgebiet mit Wanderwegen, Jogging- und Mountainbikestrecken, Lehrpfaden zu archäologischen und geologisch interessanten Orten, Kinderspielplätzen und Gastronomie. Der Wanderweg führt immer bergan. Auf manchen Abschnitten geraten wir sogar ein wenig ins Schwitzen.

Koblenzer Stadtwald

Der gut begehbare Waldweg führt als Nächstes an der **Schwedenschanze** vorbei. Das erhalten gebliebene Bodendenkmal erinnert an eine Verschanzung zwischen dem Moseltal und dem Brückbach, die kaiserliche und spanische Truppen im Dreißigjährigen Krieg angelegt haben. 1632 wurde sie von schwedischen Truppen eingenommen.

Wildpark im Winter

Zeit für ein Erinnerungsfoto, denn der Weg gibt plötzlich einen atemberaubenden **Panoramablick über die Mosel** 8 frei. Wir sehen den Stadtteil Güls mit der Gülser Eisenbahnbrücke und gegenüber den Stadtteil Moselweiß. Wir blicken auf den Stadtteil Metternich mit den markanten Hochhäusern bis hin zur Eifel, ein an Koblenz angrenzendes Mittelgebirge. Wir genießen die Pause mit Ausblick, bevor es noch etwa 2 Kilometer weiter durch den idyllischen Stadtwald zum **Forsthaus Remstecken** 9 geht. In dem ursprünglichen Fachwerkhaus aus dem Jahr 1906 gibt es ein Restaurant mit einem romantischen Garten und ein kleines Hotel. Angrenzend erstreckt sich ein malerischer Wildpark mit Wildschweinen, Hirschen, Damwild, Fasanen, Enten sowie zwei Kinderspielplätzen, einer Waldökostation und einem Hasengehege.

Der Wildpark ist ganzjährig kostenfrei geöffnet.

Bevor wir den Heimweg antreten, stärken wir uns bei einer ausgiebigen Rast mit Gerichten der gehobenen deutsch-französischen Küche oder mit hausgebackenem Kuchen und Eis. Wer danach noch weiterspazieren möchte, geht noch den Rundweg durch den Wildpark.

Die zwei Lehrpfade im KOBLENZER STADTWALD

Im Rahmen der 2000-Jahr-Feier legte die Stadt Koblenz einen geologisch-landeskundlichen und einen archäologischen Wanderweg im Koblenzer Stadtwald an.

Der etwa 6 Kilometer lange, geologisch-landeskundliche Wanderweg startet am Parkplatz Kühkopf. Auf zwölf Tafeln entlang des Rundweges werden unter anderem Höhengliederung, Verwitterung, Gesteine, Klima, Gewässer, die Geologie des Rheintals und der Aufschluss von Gesteinsschichten erklärt. Von diesem Lehrpfad aus kann man auf dem Weg zwischen Tafel 8 und Tafel 9 einen Abstecher rechts zum 260 Meter hohen Fernmeldeturm Kühkopf machen. Dieser steht auf einem Plateau, das mehr als 300 Meter über dem Rhein liegt. Dadurch ist der Turm weithin sichtbar.

Der archäologische Lehrpfad, teils entlang der Trasse der historischen Römerstraße, beginnt am Eichenplatz, einem Waldparkplatz. Auf dem etwa 8 Kilometer langen Rundweg liegen unter anderem keltische Grabhügel am Kühkopf, prähistorische Siedlungen am Dommelsberg, römische Siedlungen und Grabhügel sowie der Merkurtempel. Zur römischen Villa muss man am Ende noch einen Abstecher machen, da der Rundweg nicht unmittelbar vorbeiführt.

IMPRESSUM BILDNACHWEIS

Die Deutsche Nationalbibliothek verzeichnet diese Publikation in der Deutschen Nationalbibliografie; detaillierte bibliografische Daten sind im Internet über http://dnb.d-nb.de abrufbar.

Konzeption/Gestaltung/Satz: Droste Verlag, Düsseldorf
Einbandgestaltung und Illustrationen: Britta Rungwerth, Düsseldorf
Fotos: Bettina Manuela Hambuch, außer: Odeon-Apollo-Kinocenter: S. 36; www.stock.adobe.de: S. 19 (Westwind), S. 75 (guidowalter15), S. 102 (Markus Volk), S. 115 (Fotolyse), S. 130 (Hans Peter Göderz), S. 132 (Freesurf), S. 135 (blende40), S. 166 (Stephan Dinges)
Textlektorat: Annedore Fausak, Neuss
Karten: Thorsten David, Bochum
Druck und Bindung: LUC GmbH, Greven

ISBN 978-3-7700-2502-2
www.droste-verlag.de